MARXIST
Financial Theory
and Contemporary Practice

马克思主义
金融理论与当代实践

马慎萧 ◎著

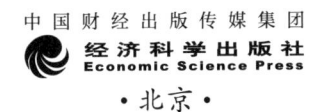

中国财经出版传媒集团
经济科学出版社
Economic Science Press
·北京·

图书在版编目（CIP）数据

马克思主义金融理论与当代实践 / 马慎萧著.
北京：经济科学出版社，2025.4. -- ISBN 978-7-5218-6921-7

Ⅰ.A811.66
中国国家版本馆 CIP 数据核字第 20258AY410 号

责任编辑：初少磊
责任校对：王京宁
责任印制：范　艳

马克思主义金融理论与当代实践
MAKESI ZHUYI JINRONG LILUN YU DANGDAI SHIJIAN
马慎萧　著

经济科学出版社出版、发行　新华书店经销
社址：北京市海淀区阜成路甲 28 号　邮编：100142
总编部电话：010 - 88191217　发行部电话：010 - 88191522
网址：www.esp.com.cn
电子邮箱：esp@esp.com.cn
天猫网店：经济科学出版社旗舰店
网址：http://jjkxcbs.tmall.com
北京季蜂印刷有限公司印装
710×1000　16 开　11.5 印张　185000 字
2025 年 4 月第 1 版　2025 年 4 月第 1 次印刷
ISBN 978 - 7 - 5218 - 6921 - 7　定价：58.00 元
（图书出现印装问题，本社负责调换。电话：010 - 88191545）
（版权所有　侵权必究　打击盗版　举报热线：010 - 88191661
QQ：2242791300　营销中心电话：010 - 88191537
电子邮箱：dbts@esp.com.cn）

前　言

马克思主义金融理论是马克思主义政治经济学的重要组成部分。马克思、恩格斯在《共产党宣言》《资本论》等经典著作中系统全面地考察了货币、信贷、生息资本、虚拟资本等范畴的演进和发展，重点研究了金融发展的一般规律与在资本主义生产方式中的特殊性，这些理论构成马克思主义金融理论的重要内容；列宁、希法亭等分析了由自由竞争阶段向垄断阶段过渡时期的资本主义生产关系，系统阐述了金融资本理论，发展了马克思主义金融理论；后世学者面对20世纪70年代末以来资本主义金融化转型的新情况，关注货币职能与货币权力、金融周期与经济危机、金融资本与经济金融化、虚拟经济与金融治理等议题，马克思主义金融理论在当代资本主义演进中快速发展。

在中国特色社会主义实践中，伴随着社会主义市场经济体制的建立和完善，尤其是党的十八大以来，党中央把马克思主义金融理论同当代中国具体实际相结合、同中华优秀传统文化相结合，努力把握新时代金融发展规律，持续推进我国金融事业实践创新、理论创新、制度创新，积累了宝贵经验，逐步走出一条中国特色金融发展之路。习近平总书记关于坚持党中央对金融工作的集中统一领导、坚持以人民为中心的价值取向、坚持把金融服务实体经济作为根本宗旨、坚持把防控风险作为金融工作的永恒主题、坚持在市场化法治化轨道上推进金融创新发展、坚持深化金融供给侧结构性改革、坚持统筹金融开放和安全、坚持稳中求进工作总基调的重要论述，是马克思主义金融理论的中国化时代化发展，是马克思主义政治经济学关于金融问题的重要创新成果。

马克思主义金融理论与当代实践

　　鉴于此，本书围绕马克思主义金融理论在当代实践中的发展，从理论争论、资本主义现实、社会主义实践三个方面展开讨论。全书分为六个部分：第一章导论部分对全书的基本方法、关键范畴、逻辑线索和拟探讨的问题进行了概述性的介绍；第二章梳理《资本论》中的金融理论，讨论金融资本理论的发展；第三章梳理围绕剩余价值来源的争议，探讨金融利润的本质和来源；第四章研究资本主义金融化转型中资本竞争过程以及资本对劳动力再生产的控制，分析 2008 年国际金融危机之后资本主义金融化的发展趋势；第五章聚焦于中国特色社会主义金融实践，重点研究我国实体经济与虚拟经济的发展，具体分析了近年来我国经济面临的"脱实向虚"压力以及我国防范化解风险的制度优势；第六章为结论与展望，辨析我国经济"脱实向虚"压力与资本主义"金融化"趋势的异同，进一步的研究要聚焦马克思主义金融理论的中国化时代化发展，探索新时代金融发展规律。

　　本书对于马克思主义金融理论的梳理和研究不求面面俱到，力求重点突出、问题导向，希望能够运用马克思主义金融理论分析纷繁复杂、瞬息万变的金融现象，透过现象看本质，探寻现象背后的金融运行规律，运用规律指导实践，吸取资本主义国家金融化与周期性生产危机的教训，探索中国特色金融发展之路。

目 录

第一章　导论　　1

　　一、范畴的厘清：虚拟资本、金融资本与金融化　　2
　　二、资本主义金融化现实：20世纪金融资本的第二次浪潮　　4
　　三、中国特色社会主义金融实践：防范经济"脱实向虚"　　6

第二章　经典理论与最新发展：金融资本理论的发展与现代阐释　　8

　　一、《资本论》中的金融理论　　9
　　二、20世纪初金融资本的成熟化界定与描述　　11
　　三、20世纪70年代末资本主义金融化以来的理论发展　　14

第三章　核心争议与问题焦点：金融利润从何而来　　23

　　一、马克思经典文献中的两种超额剩余价值来源理论　　24
　　二、学术界围绕自创论、转移论的共识与争议　　28
　　三、金融利润形成之争：剩余价值论与信用货币论　　45
　　四、金融利润的形成和膨胀：基于美国数据的事实与分析　　61

第四章　当代资本主义金融化转型：资本主义生产的危机　　69

　　一、金融资本与职能资本的合作与对抗：从黄金时代到金融化　　70

二、金融资本的掠夺：劳动力再生产过程的金融化　　75

三、金融资本主导生产的不可逆：危机后金融化趋势
仍未改变　　87

第五章　中国特色社会主义金融实践：金融服务于实体经济发展　　100

一、经济"脱实向虚"问题的研究视角　　103

二、马克思主义理论视角下"脱实向虚"的内涵与判定　　112

三、我国实体经济与虚拟经济的发展现状　　128

**第六章　初步的结论与探索的方向：马克思主义金融理论的
中国化时代化发展　　147**

一、初步的结论：保障金融服务实体经济的优势与挑战　　147

二、探索的方向：新时代金融发展规律　　153

参考文献 / 164

致谢 / 178

第一章
Chapter 1

导 论

党的十八大以来，党中央把马克思主义金融理论同当代中国具体实际相结合、同中华优秀传统文化相结合，努力把握新时代金融发展规律，持续推进我国金融事业实践创新、理论创新、制度创新。正确认识和把握马克思主义金融理论，对于剖析当代资本主义现实，探索中国特色社会主义道路、坚持和完善社会主义市场经济体制具有重要的理论和现实意义。

关于马克思主义金融理论与当代实践，学界当前的研究聚焦于三个方面。一是关于马克思主义金融理论尤其是金融资本理论的最新发展。马克思在《资本论》等著作中层层深入、系统全面、逻辑完整地阐释了他的金融观点和金融理论，依据马克思提出的货币理论、生息资本理论、虚拟资本理论等，后世学者提出并发展了金融资本理论。当前的讨论聚焦于资本主义经济金融化过程中金融资本呈现出的新特点，分析其在运动领域、积累方式、对经济周期和危机的影响等方面的新规律，发展了马克思主义金融理论。二是关于金融资本运动新规律引发的国际金融危机等现实问题。学者们指出，以美国为主导的发达资本主义国家在20世纪70年代末发生了金融化转型，其实质是在新自由主义政策下，监管严重缺失的金融资本在时间和空间上对剩余价值的生产实现了全面的、持续的、有效的控制，成为决定经济周期的主导因素，并直接导致2008年国际金融危机的爆发。三是关于马克思主义金融理论与中国具体实际的结合。社会主义市场经济的发展实践只有40多年，为了正确处理金融和实体经济之间的关系，我们需要充分吸取发达市场经济国家金融实践的经验与教训，相关研究多关注我国"脱实向虚"趋势、提升金融服务实体经济发展能力和防范系统性金融风险等方向。

本书围绕马克思主义金融理论与当代实践讨论三个方面的问题：一是金融资本在20世纪70年代末以来资本主义金融化积累过程中呈现出哪些新的运动规律和特征；二是金融资本过度逐利如何引发2008年国际金融危机及经济长期动荡；三是社会主义市场经济有哪些防范系统性金融风险、避免经济"脱实向虚"的制度优势。即从基本理论的角度讨论马克思主义虚拟资本、金融资本的理论发展，从实践的角度分析金融资本过度逐利、金融监管严重缺失带来的资本主义经济危机与动荡，进而探讨中国特色社会主义市场经济实践与新时代金融发展规律。

一、范畴的厘清：虚拟资本、金融资本与金融化

在《资本论》第三卷中，马克思在资本主义经济的总过程中说明了生息资本、信用和虚拟资本作用。生息资本（借贷资本）都是由货币资本派生出来的，是指用来作为商品出售和作为商品的资本，马克思在论述货币资本转化为借贷资本的基础上，讨论了信用制度以及建立在其高度发展基础上的虚拟资本，指出"人们把虚拟资本的形成叫做资本化。人们把每一个有规则的会反复取得的收入按平均利息率来计算，把它算做是按这个利息率贷出的一个资本会提供的收益，这样就把这个收入资本化了"[①]。这样和资本的现实增殖过程的一切联系就被消灭干净了，资本是一个自行增殖的自动机的观念就牢固地树立起来了。虚拟资本的生产是

[①] 《马克思恩格斯文集》（第7卷），人民出版社2009年版，第528~529页。

第一章 导论

指通过信贷系统以货币形式创造资本,而没有任何与之相对应的真实资源。

金融资本由拉法格在1903年发表的文章《美国托拉斯及其经济、社会和政治意义》中提出,希法亭在其1911年出版的《金融资本》一书中进行了系统的阐述与分析,他指出,"银行在越来越大的程度上变为产业资本家。我把通过这种途径实际转化为产业资本的银行资本,即货币形式的资本,称为金融资本"[①]。简言之,金融资本就是归银行支配、由产业资本家使用的越来越多用于产业的资本。这样的定义显然与当代金融资本的形态和特点不完全一致。

而金融化则是一种新现象,克里普纳将金融化定义为资本积累的重新定向,也就是从生产和商业活动转向与金融有关的活动。20世纪70年代以来,随着实体经济发展停滞与新自由主义盛行,金融化在美国等发达资本主义国家获得快速发展,资本主义经济发生金融化转型,金融资本的概念也有了新发展、新变化。从金融在宏观经济中地位的变化角度来看,金融化是金融动机、金融市场、金融参与者和金融机构在国内及国际经济运行中地位的不断提升。从企业治理模式变化来看,金融化是股东价值导向的公司治理模式占据支配地位、资本市场取代银行成为动员社会资本的渠道而展现的一种经济现象。而在传统马克思主义视角中,金融化并非一种纯粹的金融现象,而是一种与货币化、货币资本化和资本虚拟化相联系的经济现象,是与价值运动和资本运动相联系的经济现象,脱离价值运动和资本运动就难以正确把握金融化的实质和意义。

在金融化积累模式中资本的利润主要是通过金融渠道而非通过贸易和商品生产生成,如资本利润主要来源于利息、股息、红利等,资本主义积累机制从贸易和商品生产积累向金融化积累转型。金融化的发展在本质上要求资本在增殖的同时保持货币的流动性,金融化的这一要求在生息资本和虚拟资本的形式上得到了某种程度的满足,因此部分学者把生息资本(或借贷资本)和虚拟资本的总和,称为现代金融资本。正是

[①] 鲁道夫·希法亭:《金融资本》,福民等译,商务印书馆2009年版,第252页。

在这样金融化、货币化的形态下，本书可以对当代虚拟资本的具体形式、金融资本的逐利方式进行讨论与阐述。

二、资本主义金融化现实：20世纪金融资本的第二次浪潮

从17世纪的荷兰"郁金香泡沫"事件到21世纪的美国次贷危机，我们在大多数投机事件中都发现了同样的机制：前者的投机对象是郁金香球茎，后者的投机对象是住宅物业。正如阿瑞吉所认为的，资本主义体系的四个积累周期（热那亚、荷兰、英国、美国）中，金融扩张是周期性地发生，伴随着资本主义中心国家从主导生产扩张转向主导金融扩张的过程，另一个积累中心逐步崛起，而20世纪70年代末开始的金融化，不过是以美国为核心的积累体系的金融扩张。[1]

20世纪初，资本主义经济进入垄断资本主义时期，金融资本的发展引起希法亭、列宁等马克思主义理论者的讨论，仅在20世纪，如果将此视作金融资本的第一次崛起，那么20世纪70年代出现的金融化快速发展事实上是金融资本的第二次崛起。[2] 金融化体制下的金融资本与希法亭、列宁时代的金融资本相比发生了很大的变化，金融化不代表银行对工商业资本的全面控制，而是代表着金融部门的相对自治和金融资本的扩张。伴随着银行职能的转变、金融机构的多样化以及金融市场的创新，产业资本和商业资本能够从公开金融市场中获得可贷资本，表现在频繁的金融交易中；金融机构也通过金融掠夺、开展投资银行业务寻找新的利润来源；工人家庭也持续被卷入私人金融领域来维持住房、消费、教育、健康和养老等基本生活需要。

---

[1] 杰奥瓦尼·阿瑞吉：《漫长的20世纪》，姚乃强等译，江苏人民出版社2011年版。
[2] Costas Lapavitsas, *Profiting without Producing: How Finance Exploits Us All*, London: Verso, 2013.

第一章 导论

20世纪70年代以来的资本主义金融化转型,以金融资本为主导的积累模式在一定时期内刺激了资本主义经济增长,但也为由美国次贷危机引发的2008年国际金融危机埋下祸根。从狭义的金融逻辑来看,2008年的金融危机可以解释为金融超级周期的结果。次贷危机对美国经济社会影响深远,充分暴露了过度依赖金融的美国经济的脆弱性,暴露了经济金融化的弊端。时至今日,危机已经过去十余年,美国历经奥巴马政府、特朗普政府、拜登政府,采取了系列政策举措以期摆脱金融化泥淖,那么结果如何?次贷危机后美国经济金融化趋势能否逆转?"再工业化"能否为美国寻得摆脱经济危机的新型积累模式?

金融化似乎是一种系统性的幻想,2008年国际金融危机还不足以阻止它。根据美国劳工统计局和美国经济分析局数据,美国2007~2019年制造业平均劳动生产率增速仅为0.4%,比2000~2007年4.4%的增速低了4%。反观金融业则在危机后快速恢复并且继续发展,2009年金融业净增加值占GDP比重就恢复到2007年的水平,此后整体上呈现上升趋势,2016年金融业净增加值占GDP比重达到21%,而制造业净增加值占GDP比重最低(仅占11%),从2013年起金融业增长速度远远高于制造业发展速度,金融膨胀而实体经济逐步萎缩。危机后美国经济金融化趋势尚未逆转,金融资本依然强势,在试图寻找以工业化为动力的积累模式尚未成功后,原有的以金融资本为主导的资本主义积累模式依然发挥作用,美国无法走出过度金融化的困境。从整体层面来看,2008年发生的金融危机并不是转折点。

金融本身并不生产剩余价值,以金融资本为主导的积累模式极不稳定,金融资本快速膨胀而实体经济日渐萎靡,当金融风险袭来时,整个经济系统会受到巨大打击,进而再次引发危机。因此,资本主义经济金融化发展的趋势将是稳定与矛盾并存。稳定在于职能资本与金融资本博弈过程显示现代金融资本在当代资本主义经济中占据支配性地位,金融资本垄断程度加深并且在全球化、新自由主义和新型贸易保护助力下势力不断增强,以金融资本为主导的资本主义积累模式是长期稳定的,金融化趋势难以逆转;矛盾在于金融资本主导的积累模式并不是一种可持续发展模式，金融化在不断发展的同时也暴露出许多问题，金融化加剧了劳资矛盾、扩大了贫富差距，金融化使得资本主义基本矛盾不断激化，一些新矛盾、新变化的出现蕴藏着金融化趋势逆转的可能。例如，美元地位和世界体系的变化使美元霸权地位和美国金融霸权地位不断遭受挑战，是否会再次出现"美元危机"；再如，在技术革命下，随着产业后备军的扩大，劳资矛盾不断加剧，组织性、抗争性持续增强的工人能否催生新的变革，这些都值得进一步关注和探究。从其不断激化、无法缓解的基本矛盾来看，资本主义经济是不稳定的经济，持续金融化以换取经济恢复与增长无非饮鸩止渴。

三、中国特色社会主义金融实践：防范经济"脱实向虚"

正如布罗代尔所说，金融化是"秋天的迹象"，与去工业化和社会两极分化齐头并进，指征着衰落，而当代金融化标志着资本主义一个新的秋天。同时，我们也可以看到，在相当长时期内，初级阶段的社会主义还必须同生产力更发达的资本主义长期合作和斗争。当前，虚拟资本不仅存在于资本主义生产方式中，作为资本的一种特殊表现形式，也存在于社会主义市场经济中。资本主义社会的资本和社会主义社会的资本固然有很多不同，但资本都是要追逐利润的。"国际金融危机也不是经济全球化发展的必然产物，而是金融资本过度逐利、金融监管严重缺失的结果。"[1] 近年来，随着我国经济循环格局的深度调整，实体经济发展过程中面临着诸如利润率下滑、产能过剩及结构性供需失衡等多重考验。同时，金融与房地产的投资需求则相对旺盛，增加的部分资金脱离实体经济的价值创造环节，在金融体系内部自我循环。[2] 由此引发了我国学者对

---

[1] 《习近平著作选读》（第一卷），人民出版社2023年版，第554页。
[2] 中共中央文献研究室：《习近平关于社会主义经济建设论述摘编》，中央文献出版社2017年版，第114页。

于经济"脱实向虚"的广泛关注与讨论。

  需要特别说明的是,虽然防范系统性金融风险、深化金融改革、保障金融服务实体经济的良性循环任重道远,但是,"脱实向虚"作为我国社会主义市场经济改革过程中可能出现的金融现象,与发达资本主义国家"金融化"存在着经济制度基础、可规避性及可控性上的本质区别。"脱实向虚"并非制度内在积累、生产关系矛盾深化的表现,而是在金融危机这一外因以及供给侧、结构性矛盾这一内因相互作用之下所引发的"实体经济利润率下滑、虚拟经济快速发展"的阶段性隐忧。以美国为首的发达资本主义国家无力重建以产业资本循环为核心的积累体制,金融化是资本主义制度无力解决的问题。但在中国特色社会主义制度优势下,我国完全有能力使金融资本在健康发展的同时更好服务于物质生产领域的价值创造,避免经济"脱实向虚"。我国市场经济的发展实践只有40多年,我们需要充分吸取发达市场经济国家虚拟资本发展、金融实践的经验与教训,要依法加强监管、引导虚拟资本有序发展,发挥制度优势,防止虚拟资本野蛮生长,增强金融服务实体经济能力,走好中国特色金融发展之路。

第二章
Chapter 2

经典理论与最新发展：金融资本理论的发展与现代阐释

作为经济运行的润滑剂与主动脉，货币和金融涉及经济生活的各个层次，从微观的个人金融、公司金融到宏观的货币政策，从局部的地区金融到跨国的资本流动，与其相关的经济现象数之不尽，所对应的研究文献亦是汗牛充栋。在《资本论》等重要著作中，马克思构建了货币金融政治经济学的分析框架，提出了货币理论、生息资本理论、虚拟资本理论等重要理论。后世的学者，运用马克思主义方法，在实践中关注货币职能与货币权力、金融周期与经济危机、金融资本与经济金融化、虚拟经济与金融治理等议题，发展了马克思主义金融理论。尤其自20世纪70年代以来，金融市场不断扩展，金融制度不断创新，金融衍生品层出不穷，相较于现代西方金融理论，马克思金融理论的核心范畴——虚拟资本及马克思主义学者发展形成的金融资本理论，深刻揭示了现代金融资产所特有的虚拟性质对实体经济的重要影响。本章首先简要梳理马克思在《资本论》中呈现的金融理论研究框架，进而聚焦金融资本，考察20世纪金融资本理论的提出以及资本主义金融化以来的理论发展。

第二章 经典理论与最新发展：金融资本理论的发展与现代阐释

一、《资本论》中的金融理论

马克思主义金融资本理论是马克思主义金融理论的核心和精髓。马克思所处的年代仍是自由竞争时期，垄断只是一种萌芽，马克思在其著作中并没有提出金融资本这一概念并进行详细阐述分析，但马克思在《资本论》中考察了货币、货币资本、生息资本、信用制度、虚拟资本等范畴的演进和发展，层层深入、系统全面、逻辑完整地阐释了他的金融观点和金融理论。在此首先对《资本论》中的金融理论进行线索梳理，随后在具体的问题中进一步详述马克思对金融利润、虚拟资本等理论的考察。

马克思的金融理论根植于其独到的货币理论之中。在《资本论》第一卷中，马克思在劳动价值论和剩余价值论基础上说明了货币的本质和运动规律。马克思指出，资本在历史上起初到处是以货币形式存在，作为货币财产，作为商人资本和高利贷资本，与地产相对立。现在每一个新资本最初仍然是作为货币出现在舞台上，也就是出现在市场上——商品市场、劳动市场或货币市场上，经过一定的过程，这个货币就转化为资本。[①] 因此，资本是由货币转化而来的，"价值成了处于过程中的价值，成了处于过程中的货币，从而也就成了资本。它离开流通，又进入流通，在流通中保存自己，扩大自己，扩大以后又从流通中返回来，并且不断重新开始同样的循环"[②]。货币资本的流通和循环需要与产业资本相结合，以货币为切入点，马克思讨论了金融与生产过程的关系，生产劳动是金融发展的基础。

资本主义生产与流通过程是以货币、信用和金融为基础的，信用体系是资本循环顺利进行的重要保障。在《资本论》第二卷中，马克思使

[①] 《马克思恩格斯文集》（第5卷），人民出版社2009年版，第172页。
[②] 《马克思恩格斯文集》（第5卷），人民出版社2009年版，第181页。

用"资本循环分析法"在资本的流通中说明了货币资本的循环和周转资本循环过程要经过三种形态变化即货币资本、生产资本和商品资本的变化,也要经过 G–W、直接生产过程、W–G 这三个阶段才能完成。"资本作为自行增殖的价值,不仅包含着阶级关系,包含着建立在劳动作为雇佣劳动而存在的基础上的一定的社会性质。它是一种运动,是一个经过各个不同阶段的循环过程,这个过程本身又包含循环过程的三种不同的形式。"① 在货币资本的循环中,产业资本是以它的货币形式即作为货币资本形成自己总过程的出发点和复归点的,"正因为价值的货币形态是价值的独立的可以捉摸的表现形式,所以,以实在货币为起点和终点的流通形式 G⋯G′,最明白地表示出资本主义生产的动机就是赚钱。生产过程只是为了赚钱而不可缺少的中间环节,只是为了赚钱而必须干的倒霉事"②。为了预防价格波动、保证资本周转顺利进行、贮藏折旧基金和积累利润等原因,停滞(闲置)的货币资本有规律地产生于总社会资本的再生产之中,由信用体系集中并转变成生息资本。

在《资本论》第三卷中,马克思使用"阶级分析法"分析了生息资本(借贷资本)、虚拟资本与产业资本的矛盾对立统一关系,在资本主义经济的总过程中说明了生息资本、信用和虚拟资本作用。马克思认为生息资本都是由货币资本派生出来的,是指用来作为商品出售和作为商品的资本,"生息资本却不是这样。它的特有的性质也正在于此。要把自己的货币作为生息资本来增殖的货币占有者,把货币让渡给第三者,把它投入流通,使它成为一种作为资本的商品"③。马克思在论述了货币资本转化为借贷资本的基础上,讨论了信用制度以及建立在其高度发展基础上的虚拟资本,指出"人们把虚拟资本的形成叫做资本化。人们把每一个有规则的会反复取得的收入按平均利息率来计算,把它算做是按这个利息率贷出的一个资本会提供的收益,这样就把这个收入资本化了"④。

---

① 《马克思恩格斯文集》(第6卷),人民出版社2009年版,第121页。
② 《马克思恩格斯文集》(第6卷),人民出版社2009年版,第67页。
③ 《马克思恩格斯文集》(第7卷),人民出版社2009年版,第384页。
④ 《马克思恩格斯文集》(第7卷),人民出版社2009年版,第528~529页。

第二章　经典理论与最新发展：金融资本理论的发展与现代阐释

这样和资本的现实增殖过程的一切联系就被消灭干净了，资本是一个自行增殖的自动机的观念就牢固地树立起来了。

在此基础上，马克思讨论了货币危机和信用危机。在讨论货币流通手段、支付手段职能时，马克思就考察了货币危机以及信用危机的可能。《资本论》第三卷列举了大量货币危机的实例以论证货币危机与产业资本积累之间的关系，"在再生产过程的全部联系都是以信用为基础的生产制度中，只要信用突然停止，只有现金支付才有效，危机显然就会发生"[①]，这种危机并不仅仅表现为信用危机或者货币危机，因为信用中的大量汇票、信用货币往往都与实际的资本积累有关，代表现实中的买卖，"而这种现实买卖的扩大远远超过社会需要的限度这一事实，归根到底是整个危机的基础"[②]。伴随着马克思认为银行信用的发展会产生为换取贷款而对印度和中国实行大量委托销售的制度，这种委托销售制度的结果必然造成市场商品大量过剩和崩溃。马克思还指出，信用制度和虚拟资本的发展"是资本主义生产方式在资本主义生产方式本身范围内的扬弃，因而是一个自行扬弃的矛盾，这个矛盾明显地表现为通向一种新的生产形式的单纯过渡点。它作为这样的矛盾在现象上也会表现出来。它在一定部门中造成了垄断，因而引起国家的干涉。它再生产出了一种新的金融贵族，一种新的寄生虫，——发起人、创业人和徒有其名的董事；并在创立公司、发行股票和进行股票交易方面再生产出了一整套投机和欺诈活动。这是一种没有私有财产控制的私人生产"[③]。

二、20世纪初金融资本的成熟化界定与描述

20世纪金融的第一次霸权从19世纪90年代经济危机开始到20世纪30年代大萧条时期结束，原因在于三次改革即协作改革、金融改革和管

[①②] 《马克思恩格斯文集》（第7卷），人民出版社2009年版，第555页。
[③] 《马克思恩格斯文集》（第7卷），人民出版社2009年版，第497页。

马克思主义金融理论与当代实践

理改革推动了资产阶级和金融机构的崛起。"金融资本"这一马克思主义金融理论中的核心概念,最早由保尔·拉法格在其1903年发表的文章《美国托拉斯及其经济、社会和政治意义》中提出,他用金融资本来描述工业资本与银行资本日益融合的趋势,希法亭在1911年出版的《金融资本》一书中首先对金融资本进行了系统阐述。

希法亭写作《金融资本》的时期正是资本主义由自由竞争阶段向垄断阶段即帝国主义阶段过渡的时期。他首先对金融资本进行了定义,指出"银行在越来越大的程度上变为产业资本家。我把通过这种途径实际转化为产业资本的银行资本,即货币形式的资本,称为金融资本"[①]。简言之,金融资本就是归银行支配、由产业资本家使用的越来越多用于产业的资本。同时,希法亭认为资本主义的集中过程即卡特尔和托拉斯形成的集中与银行资本和产业资本关系的集中使得资本采取了最高和最抽象的表现形式,即金融资本形式。希法亭对于金融资本的研究从流通入手,他把金融资本产生的原因归结为信用和在信用的基础上建立起来的股份公司,他把信用看作流通的结果而不是生产决定的,因此他认为流通是金融资本产生的最终原因。希法亭虽然首次系统地分析了金融资本,但其分析起点——流通是一种典型的流通决定论,完全背离了马克思关于生产决定消费、分配、交换的理论,导致了其在分析金融资本上具有局限性。

同时期的列宁认为希法亭的定义"没有指出最重要的因素之一,即生产和资本的集中发展到了会导致而且已经导致垄断的高度"[②],希法亭没有从生产的集中这一根本的原因阐明垄断的产生,而是把垄断的成因归为克服利润率平均化的障碍,也没有把垄断理解为帝国主义的经济实质,这导致他没有把生产的集中引起垄断作为金融资本产生的最深厚的基础和更深刻的原因揭示出来。与希法亭将金融资本产生的根本原因归结于流通不同,列宁认为资本主义生产领域中资本关系的变化才是金融

[①] 鲁道夫·希法亭:《金融资本》,福民等译,商务印书馆2009年版,第252页。
[②] 《列宁选集》(第2卷),人民出版社2012年版,第612页。

第二章 经典理论与最新发展：金融资本理论的发展与现代阐释

资本产生的基础，提出了构成金融资本的三个主要因素：大资本的发展和增长达到一定程度；银行的作用（集中和社会化）；垄断资本（控制某工业部门相当大的一部分，以致竞争被垄断所代替）。[①] 在批判地借鉴希法亭金融资本理论的基础上，列宁对金融资本的概念作了更科学的解释："生产的集中；从集中生长起来的垄断；银行和工业日益融合或者说长合在一起，——这就是金融资本产生的历史和这一概念的内容"[②]，指出金融资本是银行垄断资本与工业垄断资本的融合，金融资本既可以以银行垄断资本为中心组成，也可以以工业垄断资本为中心组成。

希法亭和列宁时期的金融资本理论主要表现出以下几个方面的特点。

第一，银行资本和产业资本的关系越来越密切，银行对工商业呈现出绝对的主导作用。起初银行信用给产业资本家支配的货币资本一般来说是流动资本，产业资本家用借入资本承担流动资本可以提高利润率，也使得银行和产业的关系变成产业资本家向批发商出售商品的关系，随后随着银行向产业提供的主要是资本信用特别是固定资本信用，便会有越来越多的银行资本长时间束缚于产业之中，银行与产业间的联系也日益密切地交织在一起。随着银行与产业的关系日益密切，银行资本和产业资本结合形成金融资本。

第二，集中造成的垄断成为金融资本形成的根本原因。这一时期资本主义处于垄断资本主义时期，正处于私人垄断向国家垄断转变时期，卡特尔和托拉斯促进了产业集中过程，银行资本和工业资本的融合发展使得银行资本和产业资本之间关系日益密切，也使得资本采取了最高级也是最抽象的表现形式——金融资本。金融资本一经形成便在经济领域通过"参与制"、在政治领域通过同政府进行"个人联合"来实现自己对社会的全面控制。金融资本的统治是垄断资本主义的实质，同时金融扩张成为帝国主义扩张的主要方式。

第三，金融资本的发展促进了区域性的专属贸易区的形成和主导国

[①] 《列宁全集》（第54卷），人民出版社2017年版，第375页。
[②] 《列宁选集》（第2卷），人民出版社2012年版，第613页。

的资本输出。希法亭将金融资本的经济扩张区分为经济区的扩张和资本输出。他指出，自由竞争时期的自由贸易政策，把整个世界市场连接成一个唯一的经济区，而垄断时期的卡特尔保护关税政策却将世界市场分割为各个按照国家分离开来的经济区。经济区的大小对金融资本的发展具有越来越重要的意义，于是便产生了扩张经济区的激烈角逐。同时主导国加大资本输出，资本输出突破了新市场消费容量的限制，新市场的开辟对结束经济萧条、延长经济繁荣、缓解经济危机有重要意义。

第四，金融资本的出现使资本积累方式出现了转变。金融资本的出现意味着资本的积累方式不再仅仅通过价值和使用价值的转换来实现，资本的货币形式在资本的增殖和积累过程中逐渐占据主导和统治地位。

20世纪30年代至70年代末，罗斯福新政带来的影响——"缓和的资本主义"，旨在缓和金融部门和商业扩张，加强国家干预，加强金融管制。金融上，1932年的"格拉斯—斯蒂格尔法案"目的在于停止通货紧缩，扩大联邦储蓄系统为更多财产形式如政府公债和商业票据提供再贴现；《1933年银行法》将投资银行业务和商业银行业务严格地划分开，保证商业银行避免证券业的风险。

三、20世纪70年代末资本主义金融化以来的理论发展

关于20世纪70年代资本主义是否发生了金融化转型，学者们从宏微观方面选取不同指标对金融化转型进行了测度与判断。拉帕维查斯对20世纪70年代到21世纪初美国、日本、德国投资银行和商业银行金融业务的转变、家庭负债及金融资产的增长等经济方面进行了数据分析，指出当代资本主义的金融化不是银行在产业和商业发展中占有主导性作用，而是金融部门的自主性持续性增强，而经验数据表明在这30年中发达资

第二章 经典理论与最新发展：金融资本理论的发展与现代阐释

本主义国家的金融化转型是存在的。[①] 赵峰指出，自20世纪80年代以来，当代资本主义经济在收入分配和消费模式结构、非金融部门和金融部门内部结构等宏观经济结构等方面，都发生了显著的结构性改变，因而指出以美国为主导的当代资本主义经济的确发生了金融化转型。[②] 丁晓钦和鲁春义指出，在当前金融化背景下，经济处于具有较高投机利润乘数的状态，主要发达资本主义国家所主导的全球经济变得非常不稳定，自由的积累社会结构就变得不稳定，将逐渐向管制的积累社会结构转变。[③]

对于金融化转型机制的研究，学术界存在多种视角和多重争议，当前的研究主要着眼于四个方面：实际生产停滞与金融部门繁荣之间的相互作用关系、新自由主义下社会积累结构的转型、金融资本对生产的全面控制，以及非金融企业、金融机构及家庭金融化路径。[④] 关于金融化带来的影响，托马斯·I. 帕利认为金融化提升了金融部门相对于实体部门的重要性，将收入从实体部门转移到金融部门，加剧了收入分配不平等并导致薪资停滞。[⑤] 陈享光认为金融化会产生一定的财富效应，对消费产生一定的刺激作用，但这种影响是有限的，脱离产业资本积累的金融化过程会对实体经济产生诸多不利影响。[⑥]

（一）金融资本概念的拓展

20世纪70年代以来，资本主义经济进入了新阶段，随着经济客观现

[①] Costas Lapavitsas, *Financialisation in Crisis*, Leiden：Brill, 2012；Eckhard Hein, *The Macroeconomics of Finance-dominated Capitalism and Its Crisis*, Northampton：Edward Elgar Publishing, 2012.

[②] 赵峰：《当代资本主义经济是否发生金融化转型》，载于《经济学家》2010年第6期。

[③] 丁晓钦、鲁春义：《金融化与积累的社会结构转变——基于演化博弈理论的分析》，载于《学术月刊》2014年第5期。

[④] 马慎萧：《资本主义"金融化转型"是如何发生的？——解释金融化转型机制的四种研究视角》，载于《教学与研究》2016年第3期。

[⑤] 托马斯·I. 帕利著：《金融化：涵义和影响》，房广顺、车艳秋、徐明玉译，载于《国外理论动态》2010年第8期。

[⑥] 陈享光：《马克思政治经济学观点下的金融化现象解读》，载于《人民论坛·学术论坛》2017年第2期。

象的变化,金融资本的概念也有了新发展、新变化。保罗·斯威齐认为,金融资本概念舍弃了银行家统治的含义,"垄断资本"概念清楚地指出了列宁"金融资本"概念的实质,因此可以代替"金融资本"。①德洛奈认为,80年代以来,资本主义经济最深刻的变化发生在金融领域。由于金融资本的发展,直接金融取代了中介金融成为资本价值的最主要形式。由于金融及其衍生产品的发展,金融资本在时间和空间上对生产实现了全面的、不间断的、有效的控制,从而实现了资本的增殖,即资本利润的最大化。金融因素在资本增殖中逐渐占据主导和统治地位,因此德洛奈称之为金融垄断资本。②张宇和蔡万焕认为,从20世纪70年代开始,金融化极大地推动了金融垄断资本的产生,一方面,在金融部门相对于实体经济部门日益膨胀和扩张的同时,在金融资本内部的金融业资本相对于产业资本也日益膨胀和扩大;另一方面,在全球化的推动下,金融垄断资本的势力范围国际化并迅速扩展到全球,金融垄断资本发展为国际金融垄断资本,但国家的概念并没有因为金融垄断资本的全球流动而变得模糊。③

吴大琨等指出金融资本概念需要拓宽,"现代金融资本是在战后生产和资本进一步垄断的基础上,以垄断性商业银行为中心的金融业资本与垄断工业公司为主的企业资本的融合或混合生长。金融业资本不仅包括垄断性商业银行资本,而且包括垄断性保险公司,投资银行(公司)和其他垄断金融机构的资本;企业资本不仅包括垄断性工业资本,也包括垄断性交通运输,公用事业和商业等资本"④。费利群认为,在吸收列宁时代金融资本概念的基本内核的基础上,现代金融垄断资本应拓宽为金融垄断资本,是金融业垄断资本与非金融业垄断资本的融合与混合生长,金

---

① 保罗·斯威齐:《资本主义发展论》,陈观烈等译,商务印书馆2006年版,第294页。
② 李其庆:《西方左翼学者对当代资本主义的研究——第三届巴黎国际马克思大会述要》,载于《国外理论动态》2002年第1期。
③ 张宇、蔡万焕:《金融垄断资本及其在新阶段的特点》,载于《中国人民大学学报》2009年第4期。
④ 吴大琨:《金融资本论》,人民出版社1993年版,第57页。

第二章　经典理论与最新发展：金融资本理论的发展与现代阐释

融资本既可以以金融业垄断资本为中心组成，也可以以非金融业垄断资本为中心组成，还可以由金融业垄断资本和非金融业垄断资本平行组成。[①]

金融化的发展在本质上要求资本在增殖的同时保持货币的流动性，陈享光和袁辉认为，金融化的这一要求在生息资本和虚拟资本的形式上得到了某种程度的满足，因此，把生息资本（或借贷资本）和虚拟资本的总和称为现代金融资本。[②] 这一定义一方面与希法亭的理解相区别，另一方面排除了职能资本家自己拥有的用于购买生产资料和劳动力的货币资本，把扣除职能资本家用于参与现实资本循环的货币资本之后的货币资本，称为狭义的货币资本或者生息资本（或借贷资本），现代金融资本也可以看作狭义的货币资本与虚拟资本的总和。

从 20 世纪 70 年代开始资本主义出现金融化现象，即金融资本权利的全面扩大。资本主义经济相继进入金融垄断资本主义阶段和国际金融垄断资本主义阶段，这一时期的金融资本也迅速发展为金融垄断资本，并进一步发展为国际金融垄断资本，新时期的现代金融资本主要具有以下几个特点。

第一，金融垄断资本在当代资本主义中占据支配性的地位。从宏观方面看，金融部门相对于实体经济部门日益膨胀，金融业利润比重逐步上升甚至超过产业资本的比重占据统治地位，经济活动以金融资本运动为主；从微观方面看，非金融企业通过银行借贷和证券股票市场筹集的金融业资本相比于产业资本占很大比重，企业利润来源越来越以金融业资本为主。由于金融和金融衍生品的发展，金融垄断资本在时间和空间上对剩余价值的生产实现了全面的、持续的、有效的控制，从空间形态上看金融垄断资本在国际范围内大幅扩张，金融资本对全球经济的控制力不断加强。

第二，全球化、金融化与新自由主义化共同推进金融资本发展。全球化、金融化与新自由主义化是 20 世纪 70 年代以来资本主义经济的新特

---

① 费利群：《金融垄断资本与金融垄断资本主义及其当代启示》，载于《当代经济研究》2011 年第 4 期。

② 陈享光、袁辉：《现代金融资本的积累及其影响》，载于《当代经济研究》2010 年第 7 期。

征，全球化促使资本摆脱国家主权的束缚，推动着金融垄断资本向国际金融垄断资本发展，金融化进一步加强金融资本在各个领域的扩张，新自由主义化下的"华盛顿共识"，即强调金融资本的作用，反对对金融资本的严格监管，主张放松金融管制，推动金融自由化在全世界广泛推行，为金融垄断资本在国际国内的发展提供了理论和政策上的支持。

第三，金融资本借助美元的霸权地位进行扩张。布雷顿森林体系瓦解后，美元代替黄金确立了世界货币地位，美国依靠美元的霸权地位大量发行美元、大规模地对外进行投资，使得金融垄断资本在全世界范围内进行扩张，在国际贸易中美国主要通过美元和金融产品与亚洲国家形成贸易逆差，通过出售以美元计价的有价证券弥补贸易逆差。

第四，国际金融垄断资本催生了全球性经济危机。在国际金融垄断资本主义时期，发达资本主义国家越来越将金融化作为其经济增长的主要手段，虚拟资本和金融部门急剧膨胀，资本主义经济的基本矛盾在此过程中不断深化和激化，导致了 2008 年全球资本主义大危机，这场危机事实上宣告了新自由主义的经济体制和国际金融垄断资本主义增长模式的衰落。

（二）资本主义金融化是金融资本发展的新阶段

20 世纪初，资本主义经济进入垄断资本主义时期，金融资本的发展引起希法亭、列宁等马克思主义理论者的讨论，可以视为 20 世纪金融资本的第一次崛起，而 20 世纪 70 年代出现的金融化快速发展事实上是金融资本在美国主导的成熟资本主义阶段的第二次崛起。[①] 金融化与第一次崛起的金融资本有许多相似特征，但同时也有很多不同之处，金融化不是金融资本发展的回流，金融化的兴起为现代金融资本注入了新的生命力，金融化是金融资本发展的新阶段。

金融化转型后的金融资本与金融资本的第一次崛起有很多相似之处：

[①] Gérard Duménil, Dominique Lévy, *The Crisis of Neoliberalism*, Massachusetts: Harvard University Press, 2011.

第二章　经典理论与最新发展：金融资本理论的发展与现代阐释

第一，跨国公司在全球经济中都占有重要作用；第二，国际银行在国际金融中扮演着重要角色；第三，主导国的资本输出持续增加；第四，政治霸权与军事帝国主义崛起，由主导国（金融化转型过程中是美国）占主要地位，但多方力量共存。①

但金融化与金融资本的第一次崛起也有很多不同之处，如金融化并没有带来区域性的专属贸易区、银行对工商业也没有呈现绝对的主导作用等。其不同之处主要体现在以下六个方面。

第一，关于金融资本的理论定位变化。列宁对金融资本的分析建立在对资本主义历史发展进入帝国主义阶段的判断基础上，资本主义的特点是集中，金融资本是银行垄断资本与产业垄断资本的融合。② 而正如阿瑞吉所认为的，资本主义体系的四个积累周期（热那亚、荷兰、英国、美国）中，金融扩张是周期性发生的，伴随着资本主义中心国家从主导生产扩张转向主导金融扩张的过程，另一个积累中心逐步崛起，而20世纪70年代末开始的金融化，不过是以美国为核心的积累体系的金融扩张。③ 金融化的金融资本可以表述为在生产的全球化与去管制化之下，停滞的垄断资本和动荡的经济局势导致金融资本不得不借助资本国际流动、金融全球化和网络技术来吸引一切经济因素，控制全球经济利润的生产和占有。但是，伴随着70年代资本主义的新变化，当今的金融资本在国家与企业经济活动中的垄断地位依然显著，在当代资本主义体系中，列宁对金融资本的判断仍是科学的。可以说，资本主义的发展阶段仍然处于列宁的判断阶段，但是对于金融资本的分析更多地从流动性、货币性的角度展开，更多的是讨论生息资本、虚拟资本的运动。

第二，关于银行金融系统在资本积累体制中的作用变化。现代资本主义的资本积累和垄断资本主义时期的资本积累体制都是金融资本替代产业资本成为主要的资本积累方式，但是希法亭时代更多强调银行金融

---

① Costas Lapavitsas, *Profiting without Producing: How Finance Exploits Us All*, London: Verso, 2013.
② 《列宁选集》（第2卷），人民出版社2012年版。
③ 杰奥瓦尼·阿瑞吉：《漫长的20世纪》，姚乃强等译，江苏人民出版社2011年版。

系统对产业资本的控制而形成资本积累,而当代资本积累体制则更多地依靠社会资本的集中带来的金融资本的积累。金融化的金融资本不仅仅吸收产业资本提供的剩余价值,而是把包括生产领域在内的社会所有剩余和收入都作为资本积累的来源。现代银行金融系统在资本积累中的作用与传统银行不同。纯粹"银行资本家"或金融资本家阶级成为抽象化、理想化的概念,金融资本的主要组成部分来源于由信用体系集中的社会闲置资本:一方面,金融资本更多地由工人家庭和其他社会群体货币收入的临时闲置部分创造出来,由信用体系集中并转变成生息资本,构成金融资本的组成部分;另一方面,银行信用系统职能的转变在一定程度上导致并促进了工人家庭的金融化过程。在家庭部门的金融化转型中,资本主义金融化的实质是将工人家庭部门纳入金融体系从而对其进行金融掠夺、获取金融利润,本质上是对工人创造的剩余价值的多次掠夺。

第三,关于金融资本的国家干预。希法亭和布哈林并没有集中考察国家的金融干预,即使在对"组织资本主义"的论述中也没有,没有说明国家对金融系统的系统性干预。但是,在金融化过程中,国家干预至关重要。一方面,资本主义国家一直在进行宏观金融结构调整;另一方面,国家也是推动中央银行实行宽松政策和发行货币的主导力量。金融化迅速发展的同时,新自由主义化也成为资本主义经济的一大特征。[1] 因此,金融化过程中国家干预必不可少,为了减少金融危机和稳定经济发展,国家对金融资本的监管是必要的。

第四,关于金融资本对经济危机的影响。20世纪30年代的大萧条最初是从工业领域开始的,之后逐步延伸到金融领域,时间跨度较大,而2008年全球经济危机是从美国的次贷危机开始的,从本质上看已经是金融危机了,这次经济危机就是由美国国际金融资本垄断寡头引起的。30年代的大萧条从开始就暴露了资本主义生产过剩的矛盾,但将生产领域的危机延伸到金融领域表明金融资本由于自由化和缺乏金融管制而造成

---

[1] 约翰·贝拉米·福斯特:《资本主义的金融化》,王年咏、陈嘉丽译,载于《国外理论动态》2007年第7期。

第二章 经典理论与最新发展：金融资本理论的发展与现代阐释

了金融危机。2008年全球性的经济危机表明了国际垄断金融资本在全球范围内过度扩张和过度积累对经济影响的结果。

第五，关于金融化下国际金融货币系统的变化。在希法亭、列宁时代黄金在国际货币体系中的地位日趋边缘化，只是作为最后储备而存在，而美元在货币体系动荡中成为准世界货币，近几十年间发展中国家更是迫不得已持有大量美元储备。在这个过程中，金融化的发生伴随着国际货币体系的动荡，但主导国美国受益巨大，因为持有大量美元的发展中国家能够给美国提供大量可贷资本，从而有利于美国减少外债、刺激出口、改善国际收支状况。

第六，关于数字技术对金融化的支撑。与20世纪末世界上规模最大的公司集中于能源和汽车行业不同，当前大型公司大部分是平台公司，如Alphabet（Google）、Amazon、Meta（Facebook）、Apple、Microsoft等公司。[1] 伴随着数字技术的发展、平台企业的兴起，市值最大化目标以及金融化力量的支持加强了平台的垄断地位。在以公司市值为中心的投资模式下，估值时常优先于收入流，扩张和垄断时常优先于盈利能力。风险投资、私募股权、主权财富基金等金融资本往往根据其评估的垄断租金水平协助或逼迫平台公司通过收购行为实现规模扩张和市场垄断，从而达到公司市值最大化的目标。[2] 头部平台企业也常常将很大一部分垄断租金投资于金融资产，在2019年资产负债表中，有价证券等金融资产占据了Google和Facebook总资产的40%以上。这些企业通过战略性收购来巩固自身的垄断地位，这就形成了一种金融垄断资本自我强化的循环。[3] 塞

---

[1] Patrizio Bianchi, Sandrine Labory, "Industrial Strategy in a Transforming Capitalism", *Cambridge Journal of Economics*, Vol. 46, No. 6, 2022, pp. 1481–1497.

[2] Zhongjin Li, Hao Qi, "The Profitability Puzzle of Digital Labor Platforms", *Review of Radical Political Economics*, Vol. 55, No. 4, 2023, pp. 617–628; Kean Birch, David T. Cochrane, "Big Tech: Four Emerging Forms of Digital Rentiership", *Science as Culture*, Vol. 31, No. 1, 2022, pp. 44–58.

[3] Tobias J Klinge, Reijer Hendrikse, Rodrigo Fernandez, et al., "Augmenting Digital Monopolies: A Corporate Financialization Perspective on the Rise of Big Tech", *Competition & Change*, Vol. 27, No. 2, 2023, pp. 332–353; Paul Langley, Andrew Leyshon, "The Platform Political Economy of FinTech: Reintermediation, Consolidation and Capitalisation", *New Political Economy*, Vol. 26, No. 3, 2021, pp. 376–388.

西莉亚·里卡普认为，知识产权租金和金融化相辅相成，共同加强了平台公司的垄断地位。一方面，平台公司通过知识产权获得的租金可以提升其市场价值，提高公司在金融市场的吸引力；另一方面，金融市场提供的资本使公司能够增加研发投入，进一步增强其市场力量。此外，一些平台公司将知识产权转移至低税率的国家以减少税负，这也是其金融化策略的一部分。[①]

总之，伴随着资本主义发展阶段的变化，当前金融化体制下的金融资本与希法亭、列宁时代的金融资本相比发生了很大的变化，在金融化转型后，金融资本的扩张不代表银行对工商业资本的全面控制，而是代表着金融部门的相对自治和对家庭部门的扩张。伴随着银行职能的转变、金融机构的多样化以及金融市场的创新，首先，产业资本和商业资本能够从公开金融市场中获得可贷资本，表现为频繁的金融交易，以非金融企业更多地参与金融活动；其次，金融机构也通过金融掠夺、开展投资银行业务等寻找新的利润来源；再次，工人家庭也持续被卷入私人金融领域来维持住房、消费、教育、健康和养老等基本生活需要，金融资本控制了劳动力再生产过程。以借贷资本与虚拟资本为代表的现代金融资本，构成了金融化转型后金融资本的现代形式，围绕金融资本理论的研究与发展构成了马克思主义金融理论的最新进展。

---

① Cecilia Rikap, "Amazon: A Story of Accumulation Through Intellectual Rentiership and Predation", *Competition & Change*, Vol. 26, No. 3–4, 2022, pp. 436–466.

第三章 Chapter 3

核心争议与问题焦点：金融利润从何而来

"金融利润是价值的化身，但不是价值生产的结果。"① 纯粹的金融资本循环并没有创造剩余价值，只是通过促进产业资本循环、加快资本周转速度从而提高单位时间内生产的总剩余价值量并加速资本积累，由此获得分割总剩余价值的权利，即为金融利润。追逐超额剩余价值是"资本的内在的冲动和经常的趋势"②，也是个别资本家生产的直接动机。超额剩余价值的产生建立在技术创新的基础上，代表着生产方式的革新，对超额剩余价值的追求由此促进了新技术的普遍化。在当前以人工智能、数字技术为引领的科技革命、产业变革背景下，深化认识超额剩余价值的来源及科学技术在价值生产过程中的重要作用，具有十分重要的现实意义和理论价值。

但是，长期以来，关于超额剩余价值是如何创造、从何而来的问题，学术界存在着持续的争议。事实上，在《1844年经济学哲学手稿》、《1861—1863年经济学手稿》和《资本论》第一卷、第三卷等文本中，马克思提出过关于超额剩余价值来源的两种理论，学术界将其概括为

---

① 塞德里克·迪朗：《虚拟资本：金融怎样挪用我们的未来》，陈荣钢译，中国人民大学出版社2024年版，第97页。

② 《马克思恩格斯文集》（第5卷），人民出版社2009年版，第371页。

"自创论"① 和"转移论",并在此基础上形成了"综合论"。而围绕超额剩余价值来源问题的争议,必然关涉围绕劳动价值理论的相关争论,这使共识的达成更加困难,因而更加有必要针对该问题进行系统梳理与继续探讨。

一、马克思经典文献中的两种超额剩余价值来源理论

(一)理论之一:超额剩余价值"自创论"的文本来源

在《1861—1863 年经济学手稿》及《资本论》第一卷中,马克思在详尽阐述相对剩余价值生产过程时,指出超额剩余价值是在个别企业采用先进生产技术"获得了与同一部门的平均劳动不同的特殊生产力"② 后,由该企业工人劳动作为"自乘的简单劳动"物化而来。③ 这一观点被学者们概括为"自创论"④,而马克思在提出这一理论时实际隐含了多个前提。

一是关于工人平均工资保持不变的假定。在工作日长度一定的条件下,个别企业劳动生产力提高增加了所生产商品的使用价值总量,使生产单位商品的个别劳动时间缩短,低于社会必要劳动时间,因而平摊到每个商品上的活劳动减少,商品的个别价值低于社会价值。而"商品的现实价值不是它的个别价值,而是它的社会价值"⑤,"取决于它所包含的社会必要劳动时间"⑥,因此个别生产者率先采用先进技术,而社会上大量同种商品的生产仍以原有的生产资料为基础。那么,"资本家就可以把

---

① "自创论"也称为"创造论",本书认为"自创论"的提法更能体现该观点的核心思想。
② 《马克思恩格斯文集》(第 8 卷),人民出版社 2009 年版,第 277 页。
③ 《马克思恩格斯文集》(第 8 卷),人民出版社 2009 年版,第 278 页。
④ 刘磊:《生产率与价值量关系的争论:演变与分歧》,载于《中国人民大学学报》2016 年第 6 期。
⑤ 《马克思恩格斯文集》(第 5 卷),人民出版社 2009 年版,第 369 页。
⑥ 《马克思恩格斯文集》(第 8 卷),人民出版社 2009 年版,第 277 页。

第三章　核心争议与问题焦点：金融利润从何而来

商品低于它的社会价值出售，虽然他是把商品高于它的个别价值出售，即高于他在新生产过程条件下制造商品所必需的劳动时间出售"①，以获得售卖价值与个别价值之间的差额；同时，资本家预付的工资未变，即"资本家仍按平均劳动付给工资"②。因此，在新的生产条件下，少量的劳动小时会等于多量的平均劳动的劳动小时。此时，"他花费比平均工人较少的劳动时间，就生产了自己的工资的等价物"③。也就是说，与社会平均劳动相比，个别先进劳动在较短的劳动时间内就可以再生产其自身劳动力价值。这样一来，工人的必要劳动时间缩短，就能把更多的劳动小时作为剩余劳动给资本家。这种相对剩余劳动就构成了资本家获得价格差额，即售卖价格高于个别价值的基础。因此，工人平均工资保持不变或不是按照个别先进劳动"超过平均劳动的同一比例增加"④ 时，才能使资本家获取超额剩余价值，这实质上成为超额剩余价值存在的必要前提。

二是关于复杂劳动在价值量上转化为简单劳动的规定。技术变革后个别企业提高了劳动生产力的劳动成为自乘的简单劳动，因而能在相同劳动时间内创造更多的社会价值量，形成超额剩余价值。即"生产力特别高的劳动起了自乘的劳动的作用"⑤，"它已成为比平均劳动高的劳动；例如，这种劳动的一个劳动小时等于平均劳动的 5/4 劳动小时，是自乘的简单劳动"⑥。在这一条件下，就形成了介于个别价值与社会价值之间的售卖价值。这种售卖价值使得个别提高劳动生产力的企业可以获得"加倍的销路或大一倍的市场"⑦，以实现对超额剩余价值的占有。因此，"每个资本家都抱有提高劳动生产力来使商品便宜的动机"⑧。至于"自乘的简单劳动"的说法，马克思认为"这种简化是经常进行的"⑨。虽然商品种类各异，复杂程度不一，但复杂劳动所生产的商品价值可等价于

---

① 《马克思恩格斯文集》（第 8 卷），人民出版社 2009 年版，第 277 页。
②③④ 《马克思恩格斯文集》（第 8 卷），人民出版社 2009 年版，第 278 页。
⑤ 《马克思恩格斯文集》（第 5 卷），人民出版社 2009 年版，第 370 页。
⑥ 《马克思恩格斯文集》（第 8 卷），人民出版社 2009 年版，第 277~278 页。
⑦⑧ 《马克思恩格斯文集》（第 5 卷），人民出版社 2009 年版，第 369 页。
⑨ 《马克思恩格斯文集》（第 5 卷），人民出版社 2009 年版，第 58 页。

一定量简单劳动所生产的商品价值,因而复杂劳动本身只表示一定量的简单劳动。① 简单劳动作为各种劳动的计量单位,其不同的转化比例则由生产者背后的社会过程所决定。在这里,马克思并非意在指明简单劳动和复杂劳动的具体转化比率,而旨在说明复杂劳动可依据社会过程所确定的比例还原为简单劳动,两者在价值的量上存在可比关系。

由此,马克思关于超额利润来源第一种理论的整体逻辑为:个别采用先进生产技术的企业所获得的特殊生产力是自乘的简单劳动,其具体的转化比例取决于社会过程。在这一基础上,形成了高于个别价值但低于社会价值的售卖价格。因为工资率保持不变或低于个别先进劳动超过平均劳动的增速,资本家就能通过对企业雇佣工人剩余劳动更大范围的无偿占有,获取超额剩余价值。超额剩余价值的来源为该企业所雇佣工人本身相对剩余劳动的物化。

(二)理论之二:超额剩余价值"转移论"的文本来源

马克思在《资本论》第三卷中,以一种区别于《1861—1863年经济学手稿》的方式论述了超额剩余价值来源的第二种理论。该理论将落后企业生产的但未能由企业本身所实现的剩余价值看作先进企业超额剩余价值的来源。在此,超额剩余价值虽然仍为工人剩余劳动的物化,却不是先进企业工人剩余劳动所创造的,而是由落后企业转移所得。这种"转移"借助市场竞争实现,是商品经济中价值规律作用的结果。相异于第一种理论的逻辑,马克思着重从市场份额争夺的角度来解释商品市场价值的形成,而并未将个别先进劳动与"自乘的简单劳动"的等同关系作为理论前提。此时,超额剩余价值来自通过特殊的定价所支配的价值实体,而不是来自该企业本身剩余劳动的物化。

具体而言,从中等生产条件决定社会价值来看,商品的社会价值

---

① 《马克思恩格斯文集》(第5卷),人民出版社2009年版,第58页。

第三章 核心争议与问题焦点：金融利润从何而来

"一方面，应看作一个部门所生产的商品的平均价值，另一方面，又应看作在这个部门的平均条件下生产的并构成该部门的产品很大数量的那种商品的个别价值"①。在市场竞争充分展开的基础上，部门内个别价值总和的平均值即为商品的社会价值，社会价值的形成是个别价值的社会化过程。这一价值决定规律意味着劳动生产力各不相同的企业所支配的价值实体及所实现的剩余价值，会随着其个别价值与平均价值的差额不同而存在"转移"关系。"个别价值低于市场价值的商品，就会实现一个额外剩余价值或超额利润，而其个别价值高于市场价值的商品，却不能实现它们所包含的剩余价值的部分。"② 也就是说，个别劳动耗费低于部门内平均劳动耗费的先进企业，其个别价值低于社会价值，因而可实现社会价值与个别价值之间差额所决定的超额剩余价值；而个别劳动耗费高于部门内平均劳动耗费的落后企业，按社会价值出售商品，其个别价值中所包含的部分剩余价值无法在交换中实现，只能获取低于平均利润但高于成本价格的价值，而其在市场交换中未能实现的剩余价值则表现为先进企业所实现的额外剩余价值。从数值上看，同部门内低生产率企业所损失的剩余价值与高生产率企业所额外获取的剩余价值等额。这种等额关系意味着部门内所生产的价值总量不变，所有企业的个别价值总和与社会价值总和一致。有用劳动总量依据企业劳动生产力的不同进行了再分配，这也就成了高劳动生产力企业以较少的劳动耗费获取较多价值的原因。

此外，马克思在《资本论》第三卷的级差地租理论中指出，以级差地租形式存在的超额剩余价值，是农产品个别生产价格和社会生产价格之间的差额，并非农业部门自身的剩余劳动物化的结果，是"虚假的社会价值"，③ 来源于价值实现而不是价值创造过程。这种虚假的社会价值"是由在资本主义生产方式基础上通过竞争而实现的市场价值所决定的……是由市场价值规律造成的"。④ 此时，供求规律会影响市场价值的

---

①② 《马克思恩格斯文集》（第7卷），人民出版社2009年版，第199页。
③ 《马克思恩格斯文集》（第7卷），人民出版社2009年版，第745页。
④ 《马克思恩格斯文集》（第7卷），人民出版社2009年版，第744~745页。

确定过程。当供求异常失衡时，若仍以中等生产条件决定社会价值，就无法满足相对过剩或是不足的社会需求，因而最次条件或最优条件生产的个别劳动耗费就会决定市场价值。其中，对于农业部门而言，由于存在土地的有限性，劣等生产条件的个别劳动耗费就决定了农产品的市场价值。此时，超额利润表现为农业部门内一个"虚假"的价值增量，其在量上等于所有农产品生产的社会必要劳动时间总和高于个别劳动时间总和的部分，即农产品社会生产价格总和与个别生产价格总和之差。如此一来，农业部门在"商品经济价值规律"的作用下，通过特殊的定价支配了一定数量"虚假的社会价值"。这种现象不是产生于"所用资本或这个资本所占有的劳动的生产力的绝对提高"[1]，而是供求变动所引发的价格变动的结果，即"地租的高低是这一价格（商品价格）的结果"[2]。

在马克思理论的基础上，关于超额剩余价值来源问题，学术界围绕"自创论"和"转移论"展开持续的讨论，并发展形成了"综合论"。这三种代表性观点，都是在发展马克思基本思想的基础上形成的一定共识，对于回答超额剩余价值从何而来问题具有一定的解释力，但同时也面临着诸多挑战。

二、学术界围绕自创论、转移论的共识与争议

（一）学术界关于自创论的基本观点与共识

支持自创论的观点认为，高生产率企业所获得的超额剩余价值只是本企业工人社会劳动的物化，而与其他企业的劳动耗费无关。卫兴华提出，正是由于先进企业的劳动具备"较高生产性"的特征，其个别劳动

---

[1] 《马克思恩格斯文集》（第7卷），人民出版社2009年版，第728页。
[2] 《马克思恩格斯文集》（第1卷），人民出版社2009年版，第145页。

第三章　核心争议与问题焦点：金融利润从何而来

才能在相同劳动时间内较落后企业创造更多待实现的社会价值量。[1] 如果说超额剩余价值是其他企业的转移，就好比说中国国有企业无论经营管理好坏、效率和利润率高低不同，对国家的贡献是一样的，显然有悖常理。[2] 与其观点一致，吴宣恭也认为劳动生产力较高的企业能实现较多的价值是因为其本身就创造了更多的社会价值。[3] 王福祥指出，"不管生产力发生了什么变化，同一劳动在同样的时间内提供的价值量总是相同的"[4] 所指代的是社会平均劳动生产力变化与单位商品价值量变动的关系，并不适用于解释同一部门内不同企业的劳动生产力与其产出价值量之间的价值关系，[5] 因而不可用来辩驳"超额剩余价值来源于企业自身劳动创造"的观点；超额利润只不过是相对剩余价值的转化形式，二者来源于同一手段。因此，对相对剩余价值来源的分析，就足以说明超额利润的来源。[6] 关于马克思在考察级差地租时所提出的"虚假的社会价值"，陈征认为这是客观存在的社会价值。所谓"虚假"，只是相对于被还原的较多社会劳动量而言的，实际劳动时间的消耗较少，即较少的个别劳动时间还原为较多的社会必要劳动时间。这部分纯粹多出来的价值并非来自其他部门剩余价值或平均利润的转移，而同样是生产力较高的优、中等劳动者"自乘的劳动"的物化，因而实现为较多的社会价值。[7]

此外，程恩富指出，劳动生产力和商品价值量变动的规律应根据劳动客观条件的变化和劳动自身的性质或复杂程度的改变分开考察。由劳动自身性质或复杂程度改变所引起的劳动生产力变化，会使商品价值量

---

[1] 卫兴华：《商品价值量的决定问题》，载于《经济研究》1962 年第 12 期。
[2] 胡若痴、卫兴华：《从马克思的分析方法把握劳动价值论的拓展性和科学性——兼对某些相关争论问题的辨析》，载于《学术月刊》2014 年第 10 期。
[3] 吴宣恭：《个别企业劳动生产力与商品价值量的关系——与孙连成同志商榷》，载于《中国经济问题》1964 年第 9 期。
[4] 《马克思恩格斯文集》（第 5 卷），人民出版社 2009 年版，第 60 页。
[5] 方敏：《对〈资本论〉中劳动价值论的几点认识与澄清》，载于《当代经济研究》2020 年第 6 期。
[6] 王福祥：《也谈超额利润的来源——与梅竹林同志商榷》，载于《当代财经》1981 年第 3 期。
[7] 陈征：《有关虚假的社会价值的几个争论问题》，载于《学术月刊》1984 年第 12 期。

与劳动生产力呈正向变动关系。这是由于复杂劳动作为"多倍的简单劳动",可以在相同劳动时间内创造比社会平均劳动更多的价值。超额剩余价值体现为企业工人的复杂劳动在相同剩余劳动时间内,形成较之社会平均劳动更多的剩余价值。[①]

从上述观点可以看出,自创论者所达成的基础性共识有以下三点。

第一,都以生产力高的劳动起着"自乘的劳动"的作用,能创造更多的社会价值作为出发点,认为不同生产单位劳动生产力的高低与其在相同劳动时间内创造的价值和使用价值量是成正比的。劳动生产力高的生产单位之所以能够获得超额利润,是因为其个别劳动被计算为较多的社会劳动。在这一计算中,个别劳动耗费低于社会平均劳动耗费的差额,不是其他生产者剩余价值的转移,而仅是为社会所多认可的部分。不管劳动生产力的提高是因为技术装备水平、生产资料好坏等客观因素的改变,还是因为劳动复杂程度、熟练程度等主观因素的不同,都统一表现为劳动的生产性提高,并不会影响所创造的社会价值量增大这一结论。

第二,自创论强调商品价值这一范畴的社会属性,即社会必要劳动时间在商品价值量决定中的规定性作用。价值固然为劳动的凝结,但不能简单地将个别劳动耗费与价值等同,因为价值包含着一定社会关系,这同时体现在价值质与量的规定性上。也就是说,商品价值只能取决于生产中必要的活的劳动量,而非实际对象化在商品中的劳动量。而个别劳动生产力无论如何变化,在还没或多或少导致部门平均劳动率变化之前,都不会直接引起社会必要劳动时间的相应变化。

第三,自创论者都认为个别劳动时间高于社会劳动时间的部分,既对于生产者本身不形成价值,也不会转移到其他生产者那里形成价值。换句话说,并非任何个别劳动耗费都会形成价值。个别劳动向社会劳动的转化只有在社会必要劳动时间这一特定条件内,才能通过交换实现价值。劳动生产力较一般水平低的企业,其在每件商品上额外支出的劳动

---

① 程恩富:《现代马克思主义政治经济学的四大理论假设》,载于《中国社会科学》2007年第1期。

第三章 核心争议与问题焦点：金融利润从何而来

并不形成社会价值，是被"浪费"的劳动。

（二）围绕自创论的挑战与争议

自创论的论证逻辑之一是劳动生产力高的劳动即为复杂劳动，具有复杂劳动"自乘"的作用，因而可以在相同时间内支出更多的劳动，创造比社会平均劳动更多的价值。① 也就是说，企业劳动生产力越高，其个别劳动时间内所包含的社会劳动就会越多，因而能创造更多的价值量。

1. 围绕自创论的第一个挑战：劳动生产力高的劳动是否就是复杂劳动

首先，简单将二者画上等号与马克思的劳动异化思想和技能退化理论相悖。马克思在《资本论》第一卷论述机器和大工业时，详尽阐述了机器大生产及分工所引起的工人劳动局部化、劳动成为机器的实际附属、工人被机器所排斥、技能固化甚至退化等现象，并进一步在阐释机器大工业淘汰工场手工业的论述中指明，资本主义使用机器的目的在于，以简单劳动替代未使用先进机器前相对熟练复杂的劳动"使商品便宜"，②缩短工人生产自身劳动力价值的工作日部分，把工资降至简单劳动力价值水平。③ 因而，是否采用先进技术并不能作为判断劳动复杂程度的依据，低生产率劳动未必比高生产率劳动简单。用劳动的复杂化来论证超额剩余价值来源于企业本身的劳动创造未免有些牵强。此外，生产所耗费的劳动量减少是劳动生产力提高的标志性特征之一，而劳动复杂程度的提高实际意味着在相同时间内支出了多倍的劳动量。如此一来，简单地将劳动生产力高的劳动等同于复杂劳动以解释自创论，无法阐释其内

---

① 孙连成：《略论劳动生产率与商品价值量的关系》，载于《中国经济问题》1963年11月。
② 《马克思恩格斯文集》（第5卷），人民出版社2004年版，第427页。
③ 王积业：《关于社会主义制度下价值量计算问题的初步探讨》，载于《经济研究》1962年11月。

马克思主义金融理论与当代实践

在的矛盾性。

当然,生产力发展确实带来了一定的劳动复杂化倾向,其在替代技能的同时,还会增加技能。① 关于机器技术应用引起劳动复杂化倾向的解释,主要存在以下三种。一是将复杂劳动定义为"浓缩了劳动时间的劳动"。这种"浓缩"以增加劳动强度的形式实现,可以在同一工作日内"增加绝对劳动时间,从而增加绝对剩余价值"②。二是把复杂劳动理解为经过培训的劳动,即"比社会平均劳动较高级、较复杂的劳动……比普通劳动力需要较高的教育费用,它的生产要花费较多的劳动时间,因此它具有较高的价值"③。三是基于马克思的"一般科学劳动"概念,扩大形成价值的劳动范畴,将管理、研发等非直接生产活动纳入形成价值的劳动范畴中。基于高生产率劳动与复杂劳动二者的等同关系,"自创论"者以复杂劳动是"多倍的简单劳动",可以在相同剩余劳动时间内创造较之社会平均劳动更多的剩余价值为论证逻辑,继而推导出超额剩余价值来自企业劳动者自身劳动这一结论。

但问题在于,即使承认生产力水平高的劳动为复杂劳动,复杂劳动能够创造更多的价值这一前提,仍存在多方面值得商榷之处。一方面,包括劳动强度和复杂程度在内的劳动内含量或支出量不变,实际上是超额剩余价值存在的必要前提。在马克思揭示超额剩余价值形成所举的例子中提到,"生产力虽然提高一倍,一个工作日仍然同从前一样只创造6先令新价值"④,也就是说生产力提高后,同一时间创造的新价值同以前一样多,如此才能形成个别价值与社会价值的差额,而将生产力高的劳动与复杂劳动等同,就是对"个别劳动包含较多社会劳动"或是"同一劳动时间包含较多的劳动量"的认可,这就与马克思的论述前提存在矛盾,仍待解释。另一方面,企业获取的超额剩余价值实际上还隐含了一

---

① W Lazonick, "Competitive Advantage on the Shop Floor", *The Economic History Review* Vol. 45, No. 4, 1985.
② 《马克思恩格斯文集》(第8卷),人民出版社2009年版,第294页。
③ 《马克思恩格斯文集》(第5卷),人民出版社2009年版,第230页。
④ 《马克思恩格斯文集》(第5卷),人民出版社2009年版,第368页。

第三章 核心争议与问题焦点：金融利润从何而来

个假定，那就是"虽然这种复杂劳动的价值量有所提高"，但工人工资保持不变或低于劳动超过平均劳动的增速。"工资并非按照这种劳动超过平均劳动的同一比例增加，因而剩余劳动时间总是相对增加。"① 否则，个别价值与市场价值的差额就会被工资的增量抵消。因此，这种超额剩余价值的获得本质上仍然是通过对工人剩余劳动的剥削实现的，属于特殊历史时期和生产关系下的产物，并不具有解释的一般性。

2. 围绕自创论的第二个挑战：劳动生产力与价值总量是否成正比

社会价值总量随社会劳动生产力的提高而增长是自创论论证的主要思路之一。这一论证主要围绕两个方面展开：一是通过复杂劳动与简单劳动的还原；二是对实际耗费劳动与有效劳动的区分。首先，由劳动二重性可知，商品通过交换实现价值的过程实际涉及具体劳动转化为抽象劳动、复杂劳动转化为简单劳动两种还原，但马克思本人并未给予复杂劳动还原问题充分的论述，这一理论缺失客观上就为争议创造了空间。对于复杂劳动与简单劳动二者之间的关系，马克思的论述为"比较复杂的劳动只是自乘的或不如说多倍的简单劳动，因此，少量的复杂劳动等于多量的简单劳动"②。然而，这一论述并不严谨。首先，说复杂劳动是自乘的简单劳动容易模糊具体劳动与抽象劳动的划分。一些学者指出，复杂劳动和简单劳动都属于具体劳动这一范畴，在抽去具体劳动形式并转化为抽象劳动之前不可通约，加以数值上的衡量比较，因而复杂劳动不可直接"自乘"为简单劳动。其次，劳动力价值的决定和产品价值的决定并不属于同一过程，把复杂劳动的价值看作这种劳动的价值能力的原因，与剩余价值理论有违。③ 最后，部分学者在复杂劳动的还原问题尝试中，④ 用教育和培训劳动会以技能形式物化在高级劳动力中，并在其从

---

① 《马克思恩格斯文集》（第 8 卷），人民出版社 2009 年版，第 278 页。
② 《马克思恩格斯文集》（第 5 卷），人民出版社 2004 年版，第 58 页。
③ Hilferding, R, "Bohm – Bawerk's Criticism of Marx", in Sweezy, P, ed., *Karl Marx and the Close of His System*, New York: Augustus M. Kelly, 1966, pp. 141 – 145.
④ 希法亭、置盐和罗桑都做过此类有益尝试。转引自孟捷、冯金华：《复杂劳动还原与产品的价值决定：理论和数理的分析》，载于《经济研究》2017 年第 2 期。

马克思主义金融理论与当代实践

事生产时转移到产品中来解释复杂劳动的"高生产力",显然有悖于马克思的价值形成理论。这是对可变资本和不变资本在价值增殖过程中的不同作用的模糊和异化。① 因此,自创论者以复杂劳动和简单劳动的自乘关系作为论证劳动生产力与价值总量成正比的关键,将超额剩余价值归结为企业自身劳动创造,就不免需要厘清上述疑问。

此外,用具体劳动中包含的有用劳动的多少来论证"生产率较高的劳动,何以和怎样创造出较多的价值"这一问题同样面临多重质疑。首先,这一区分易产生社会必要劳动和有效劳动概念的混淆,因为有用劳动作为生产工艺角度的概念,其在部分个别劳动时间中无效,但只要在社会平均意义上是必要的,就可形成价值。其次,针对"高生产率劳动者的劳动包含较多的有用劳动"的论证,本质上就是对"相同劳动时间中包含不同的劳动量"的论证。显然,这里提出了一个有别于以劳动时间计量商品价值的"劳动量"概念。② 原本,生产商品所需的社会必要劳动时间决定着物化为商品价值的劳动量,即"劳动本身的量是用劳动的持续时间来计量"③。在个别劳动时间均衡化为社会必要劳动时间的过程中,必然存在个别劳动时间总和与社会必要劳动时间总和恒等的总量约束。这一总量约束同时也形成了对"所有劳动时间内所付出的劳动量总和"的限制,因而物化为商品价值的社会必要劳动量本身就是个别劳动时间的加权平均值。而倘若接受了在相同劳动时间可以包含形成价值的不同劳动量这一条件,就会使得社会劳动时间总和对形成价值的劳动量所施加的总量约束失效,相当于为价值衡量另寻尺度。此时,价值的衡量标准显示出较大的随意性,"所耗费的劳动量"和"劳动时间"两者中,到底哪个是价值决定的衡量指标就亟待说明了。

---

① Makoto Itoh, *The Basic Theory of Capitalism*, London: Macmillan, 1988; Philip Harvey, "The Value creating Capacity of Skilled Labor in Marxian Economics", *Review of Radical Political Economics*, Vol. 17, No. 1, 1985.

② 刘磊:《生产率与价值量关系的争论:演变与分歧》,载于《中国人民大学学报》2016年第6期。

③ 《马克思恩格斯文集》(第5卷),人民出版社2009年版,第51页。

第三章 核心争议与问题焦点：金融利润从何而来

关于劳动生产力与价值量变动的关系，马克思在《资本论》第一章中的论述为"不管生产力发生了什么变化，同一劳动在同样的时间内提供的价值量总是相同的"①，即给定劳动时间内，劳动生产力与劳动所创造的价值总量无关。而后在谈到超额剩余价值时，马克思又提出了一种与之有别的表述："生产力特别高的劳动起了自乘的劳动的作用，或者说，在同样的时间内，它所创造的价值比同种社会平均劳动要多。"②即与给定的社会平均劳动相比，高生产力劳动所创造的价值更大，劳动生产力与价值总量成正比。自创论用后者解释超额剩余价值的来源，涉及两个方面的问题：一是生产力属于具体劳动的范畴，按理说其变化不会影响抽象劳动的耗费，即生产力的提高不会使相同劳动时间内抽象劳动的耗费发生变化，也就无法创造更多价值。但既然劳动生产力与价值总量成正比，就意味着劳动生产力各不相同的生产者在等量的个别劳动时间里付出了不等的社会必要劳动时间或社会劳动量，其实现途径为何，又是否能以劳动复杂程度或是劳动强度的增加来解释，仍有待商榷；二是认同超额剩余价值来源于企业自身高生产率劳动的创造，等同于对高生产率企业可以在相同劳动时间创造更多价值的认可，这无疑会撼动成反比规律作为劳动价值论的一般性结论的地位。在此基础上，若还接受了劳动生产力提高伴随着劳动复杂程度的同步提高，那么单位商品的价值量就很有可能不降反升，这就是对成反比规律的完全否定了，显然偏离了马克思论述的本意。

（三）学术界关于转移论的基本观点与共识

支持转移论的观点则认为，高生产率企业获得的超额剩余价值实质上是对低生产率企业一部分剩余价值的占有。对此，王积业较早进行了论证。他认为超额剩余价值的形成实际涉及的是价值实现问题。无论劳

---

① 《马克思恩格斯文集》（第5卷），人民出版社2009年版，第60页。
② 《马克思恩格斯文集》（第5卷），人民出版社2009年版，第370页。

动生产力高低，同一时间内只能创造等量价值。先进企业可以实现更多的社会价值，是由于其生产的较多使用价值是按"个别价值均衡而来的社会价值"进行估价的。如此一来，高生产率企业个别价值与社会价值之间的差额就必须由低生产率企业付出的劳动来"弥补"。[①] 伊藤诚通过对市场价值理论的考察指出，我们不必把先进企业超额利润的来源局限于同一工业部门剥削的剩余劳动。就像一部分平均利润的实体一般，这一超额利润还可以是其他工业部门剩余劳动的转移。[②] 段进朋则试图从再分配的角度阐释转移论，他认为生产条件的优劣差别会导致部门内生产的价值总量在不同企业之间进行再分配，而分配就必然涉及"此消彼长"的转移问题，这也是社会必要劳动时间的本质。[③] 曼德尔也在转移论的意义上理解超额利润的产生。根据马克思的阐述，曼德尔指出处于社会平均生产条件下的企业所得将低于平均利润，这一事实与低生产率企业浪费了社会劳动相适应。也就是说，个别生产条件较差的资本所生产的价值或剩余价值的一部分，借由市场被个别生产条件较好的企业占有了。[④]

此外，基于对个别价值均衡化为社会价值的考察，崔战利认为由平均数规律或是中等生产条件所决定的社会价值，在其实现部门内有效劳动均衡化为社会必要劳动的过程中，必然会面临由市场竞争引发"一方所得为他方所失"的价值转移问题。[⑤] 崔朝栋认为自创论以先进企业的个别价值较低就将超额剩余价值归功于企业本身劳动创造的论证欠妥。虽然劳动生产力提高的直接目的是降低个别价值，但这又是为了在竞争中实现对落后企业部分剩余劳动的"转移占有"，而非成为超额剩余价值的

[①] 王积业：《关于社会主义制度下价值量计算问题的初步探讨》，载于《经济研究》1962年第11期。

[②] Makoto Itoh, *The Basic Theory of Capitalism*, London: Macmillan, 1988, pp. 234–235.

[③] 段进朋：《生产力特别高的劳动能创造更多价值吗》，载于《复旦学报（社会科学版）》1982年第4期。

[④] E Mandel, *Late Capitalism*, London: Verso, 1999, p. 101.

[⑤] 崔战利：《马克思的"价值决定悖论"解析——论劳动价值论与物质技术生产力统一的逻辑耦合点》，载于《教学与研究》2008年第12期。

源泉。① 此外，何安、高广宇等学者也从不同视角论证了转移论的逻辑合理性。②

同样地，转移论的逻辑共识也可分为以下三点。首先，转移论者认为劳动生产力的提高不会使"同一劳动"在相同劳动时间内提供更多价值总量，即劳动生产力与所形成的价值总量无关。生产力只能决定有目的的生产活动在固定时间内的效率，属于具体劳动这一范畴。因此，其变化只能影响所生产的使用价值总量，而丝毫不会影响凝结为价值的抽象劳动。生产条件较好的资本必须借助市场竞争来达到"转移"落后生产者部分价值的目的，从而在价值实现这一层面上获取超额利润。其次，转移论强调个别价值均衡化为社会价值的过程，即商品的社会价值由部门内部个别价值总和的平均值决定这一过程。在平均数规律发挥作用的场合，"此消彼长"往往只是价值再分配的结果。落后企业的超额劳动支出就是先进企业的超额剩余价值。最后，转移论者在阐释时都先决地认为劳动生产力落后的企业，相较于社会平均劳动耗费所多支出的劳动，只要构成部门内部有用劳动的组成部分参与社会价值决定的平均化过程，那么在两种社会必要劳动时间的含义下，都表示其符合社会需要这一条件。只是在价值实现的结果层面上，超额劳动耗费不对落后企业本身形成价值，而由先进企业占有。

（四）围绕转移论的挑战与争议

转移论以部门个别价值总和平均化形成社会价值作为切入点，认为由平均数规律或是中等生产条件决定的社会价值，在其实现个别劳动时间均衡化为社会必要劳动时间的过程中，必然会面临由市场竞争引发的

---

① 崔朝栋：《超额剩余价值的来源问题与马克思劳动价值论》，载于《当代经济研究》2009年第10期。
② 高广宇：《超额剩余价值——价值转型研究中缺失的关键环节》，载于《改革与战略》2011年第4期；何安：《生产率较高的劳动能否创造较多的价值》，载于《学术月刊》1963年第9期。

"一方所得为他方所失"的价值转移问题。也就是说，尽管高劳动生产力企业实现的价值总量较大，但其自身劳动所创造的价值量并没有增加，超额剩余价值是对落后企业剩余价值的占有转移。

1. 转移论面对的第一个问题：没在交换中实现的个别价值能被高生产率企业占有吗

首先，部门内中等生产条件及劣等生产条件的企业，其产出的个别价值高于社会价值，商品的部分剩余价值无法在市场交换中得到全部承认，就意味着有一部分劳动为无用劳动。那么，这部分未在交换中实现的价值是否可能为高劳动生产力企业占有？因此，转移说成立所必然涉及的一个前提是部门内全部产出的内含价值量均为社会所需要且参与了社会价值的平均化过程，并在该部门内实现了再分配。否则，劣等生产条件企业部分产出内含的部分价值既然未能得到社会的承认，在交换中全部实现，又何来转移？然而，超额剩余价值的生产和实现其后涉及各种社会关系，即使有货币作为便利流通的手段，但货币作为中介连接的是买卖双方，价值又如何绕开消费关系如液体一般，直接"流到"先进企业内呢？从这点来说，转移说显然是抛开了价值所涵盖的社会关系，单纯从竞争优势获取的角度来解释价值的转移，本质上属于对马克思价值理论的认识不足。

其次，同一部门内企业之间主要是竞争关系而非交换关系，这就意味着超额剩余价值的转移不太可能以"交换途径"实现。固然有学者提出价值可以借助其表现形式如生产价格的作用，在企业、部门和阶级之间实现再分配，但值得注意的是，马克思对生产价格形成的分析，主要是基于不同生产部门的资本有机构成这一视角，其中并未涉及同一部门内部劳动生产力提高对价值分配的影响；此外，这种观点本质上并没有跳脱部门内所有产出的内含价值量均为社会所承认的前提，仍是将各部门生产的商品视为社会所需。因此，本质上还是把落后企业并不必然实现的剩余价值作为先进企业超额剩余价值的实际来源。这无异于将提高劳动生产力归因于对"或然"实现的剩余价值的追求，是不够严谨的。

第三章　核心争议与问题焦点：金融利润从何而来

此外，如果转移论成立，就意味着相同劳动时间内，技术落后、效率低下的企业与先进企业创造了等量价值，且对于落后生产者而言无法形成价值的"无用劳动"，顺利转化为对先进生产者来说可在交换中实现的"有用劳动"。那么，就需要在现实层面上解释清楚，同样的劳动如何在竞争中完成从"无用"到"有用"的性质转变。而如果试图用平均数规律来解释上述问题，那又不可避免地需要面临另一个悖论：低生产率企业生产单位商品所实际耗费的高于社会必要劳动的那部分劳动，到底为"无用劳动"还是"有用劳动"呢？

2. 转移论面对的第二个挑战：社会价值的决定是否一定受到平均值规律的约束

转移论实际将社会价值的决定置于平均值规律的约束之下，即"不同的个别价值，必须平均化为一个社会价值"①，但社会必要劳动时间和市场价值最终取决于平均生产条件下的劳动耗费，还存在两个前提条件：一是市场的自由竞争可以充分展开，"以便把社会需要所要求的商品量，也就是社会能够按市场价值支付的商品量提供到市场上来"②，因而不存在某个企业对于生产条件的经营垄断；二是供给和需求大体上趋于均衡，也就是"用来生产某种物品的社会劳动的数量，和要满足的社会需要的规模相适应"③。而从实际来看，供求达到平衡具有偶然性，不平衡才是常态。虽然马克思本人进一步解释商品的社会价值由平均价值决定的原理在供求关系只是一般的不平衡时依然成立，但这并未排除供求异常波动，商品的社会价值不由平均劳动耗费决定的可能。

由此，便引出了马克思对多种社会价值决定情形的考察，"如果这个量（商品供给量）过小，市场价值就总是由最坏条件下生产的商品来调节，如果这个量过大，市场价值就总是由最好条件下生产的商品来调

---

①②《马克思恩格斯文集》（第7卷），人民出版社2009年版，第201页。
③《马克思恩格斯文集》（第7卷），人民出版社2009年版，第209页。

节"①，而当社会价值由劣等生产条件的劳动耗费，也就是按最高个别价值决定时，部门内其他企业的个别价值都低于社会价值，都能获得高于一般利润率水平的超额利润时，超额利润又来自哪家企业的转移呢？若真如有些学者所提出的来自"部门之间的价值转移"或是"社会总剩余劳动"，就必须解释清楚不同部门之间价值转移的具体实现机制或路径，否则这种大而化之的说法显然说服力不够。马克思认为商品的交换"是以产品的交换价值为依据"的，而交换价值（市场价值）的决定本质上"是一种社会行为"，这种社会行为以社会必要劳动时间的耗费为基础，即个别价值无论高低，总要在交换价值的关系中进行还原，使其社会价值得以实现。这并不是转移论所认为的消耗了多少个别劳动就一定要体现为多少社会价值，或是借由市场竞争，低生产率企业所多耗费的个别劳动时间必然等额转移到至少耗费个别劳动时间的高生产率企业内部。这种通过平均、转移等形式，绝对地将个别劳动耗费与社会必要劳动耗费完全同等的认识，与马克思所论述的价值决定"是一种社会行为"并不相符。正如一些学者指出的，转移论的错误在于将均衡的结果看作均衡的过程，将马克思的动态问题归结为静态问题。当个别企业提高劳动生产力产生价值增量时，由于社会价值短时间内来不及调整，其他企业并不存在这种增量，因而只能来源于本企业剩余劳动的物化。②

（五）综合论是否是问题的答案

基于自创论、转移论，学术界形成了一种综合论的观点，该观点采取了折衷的态度，认为超额剩余价值的来源并不局限于企业自身创造或是低效企业转移两者之一，而是"转移"和"创造"的结合。

一些学者从引起劳动生产力变化的主客观因素入手来分析。孙连成指出，由劳动主观因素改变所引起的劳动生产力提高，会使生产者在相

---

① 《马克思恩格斯文集》（第7卷），人民出版社2009年版，第206页。
② 朱殊洋：《超额剩余价值是转移来的吗》，载于《当代经济研究》2011年第7期。

第三章　核心争议与问题焦点：金融利润从何而来

同个别劳动时间里耗费更多劳动量。而劳动耗费决定着价值形成，因此超额剩余价值源于相同时间里所多耗费的劳动量；反之，若生产率的提高归因于劳动客观因素的改进，则落后企业剩余价值的转移才是超额剩余价值的真正来源。[①] 同样从引起劳动生产力变化的不同因素着手，潘永强提出，如果劳动生产力提高是由于劳动自身复杂程度的变化，则超额利润为工人的剩余劳动创造；如果是由劳动条件即机器设备升级引起，则超额利润来自部门内其他生产率较低企业的转移。[②]

还有一种代表性的讨论是从市场价值、社会价值决定的不同标准来综合。孟捷基于"由生产的标准技术条件决定的市场价值理论"和"由供求条件决定的市场价值理论"两种价值决定理论的分析指出，前者实际上表明超额利润来源于企业利用特殊的生产力加大对本企业工人所创造剩余价值的攫取；而后者则侧重从价值现实的角度说明超额利润来自其他部门或同一部门内落后企业的价值转移。所谓"虚假的社会价值"就是这一理论的现实反映。[③] 肖磊则认为社会价值形成的不同情形会使超额剩余价值的源泉发生改变。当社会价值按平均数规律由中等生产条件决定时，同部门内低生产率企业所损失的剩余价值与高生产率企业所额外获取的剩余价值等额；而当社会价值按最高个别价值决定时，超额剩余价值的来源则要根据劳动生产力提高是因为劳动发生了内在变化还是外在条件的改善而决定，这一观点与潘永强不谋而合。[④] 此外，还有包括耿伍群、刘海霞在内的一批学者持综合论观点。[⑤]

综合论的共识集中于对引起劳动生产力变化的主客观因素的区分，

[①] 孙连成：《略论劳动生产力与商品价值量的关系》，载于《中国经济问题》1963年第11期。
[②] 潘永强：《论超额剩余价值的来源——兼评超额剩余价值来源的几种观点》，载于《当代经济研究》1995年第6期。
[③] 孟捷：《技术创新与超额利润的来源——基于劳动价值论的各种解释》，载于《中国社会科学》2005年第5期。
[④] 肖磊：《超额利润、价值总量与一般利润率》，载于《政治经济学评论》2017年第6期。
[⑤] 刘海霞：《论超额剩余价值来源于社会总剩余劳动》，载于《当代经济研究》2017年第8期；耿伍群：《怎样理解超额剩余价值的来源》，载于《思想理论教育导刊》2003年第3期。

本质上包含着对"成反比规律"和"成正比规律"的共同认可。一方面，通过引入劳动主观条件变化对于劳动生产力的影响这一视角，来佐证自创论所认同的价值总量随着生产力提高而增长的观点；另一方面，又基于马克思的阐述对商品价值量与劳动生产力的规律作了新界定，提出当劳动生产力提高仅由劳动客观条件变化引发时，价值总量与生产力变化无关的结论就能成立，以此来说明转移论的合理性。

不过，虽然综合论部分地解决了围绕自创论的争议，但由于其同时接受了先进企业所获超额剩余价值可以不由自身创造，而来源于其他落后企业劳动转移的观点，因此仍没有从本质上解决转移论所面临的理论争议。

（六）结论与探讨：超额剩余价值从何而来

关于超额剩余价值的来源问题，国内外学者结合不同的社会、技术背景进行了长期的讨论，解读视角不一，至今仍未获得统一的定论。本书基于对马克思文本的理解及对主要争论点的梳理和反思，认为相较于转移论和综合论，自创论更符合马克思的研究意图，同时具有更强的逻辑合理性。

首先，衡量商品价值量的是生产该商品所需的社会必要劳动耗费，而不是个别劳动耗费。也就是说，无论生产力提高是基于主观因素还是客观因素的改变，决定商品价值量的都是社会必要劳动时间。个别价值低于或是高于社会价值，都无碍于社会价值在市场交换中的实现。这就意味着，商品在出卖前其潜在待实现的社会价值已然由社会必要劳动时间所确定，因而在交换中商品实现其社会价值时并未涉及转移的问题。劳动生产力的提高增加了商品的使用价值量，商品总量增加，因而待实现的社会价值总量也增加；而低生产率企业之所以有一部分个别价值不能实现，是因为其部分个别劳动没有得到社会的承认，无法形成价值。不能因为先进企业获得超额剩余价值、落后企业的个别价值未实现，就

第三章 核心争议与问题焦点：金融利润从何而来

认为先进企业的超额剩余价值来源于落后企业的转移。从企业间的相互关系来看，同一部门内的企业之间主要存在竞争关系而非交换关系。社会价值的实现以交换为前提，交换的双方是消费者和生产者。因而，即使真的存在转移，低生产率企业所未获取的这部分剩余价值也应转移至消费者手中，无法为高生产率企业所占有。价值如何跳脱消费层面实现转移，其间显然存在逻辑缺陷。

因此，从潜在待实现的社会价值已然由社会必要劳动时间决定这一视角来看，就可以解释马克思所说的"生产力特别高的劳动起了自乘的劳动的作用，或者说，在同样的时间内，它所创造的价值比同种社会平均劳动要多"[1]。至于这一论述与马克思所提出的"成反比规律"的争论，卫兴华认为"成反比的规律是'从时间的继起性方面'来考察生产率与价值量的关系，而成正比则是'从同一部门内的不同企业之间的关系出发的'"[2]，可以作出很好的解释。换句话说，成反比规律表明的是同一生产者在劳动生产力提高的前后两个时期内，劳动生产力与单位商品价值量之间的历时性关系；而成正比规律反映的是不同生产者在同一时期内，劳动生产力与商品价值总量之间的共时性关系。这意味着在给定时期内，同一部门中劳动生产力各异的企业，其生产的社会价值总量与劳动生产力成正比。如此一来，既保全了成反比规律的一般性结论地位，又使得成正比规律有了合理的解释。

其次，自创论的因果关联更为切合马克思在《资本论》中对于超额剩余价值的论证逻辑，凸显了生产或劳动过程在价值运动中的重要作用。回顾马克思对超额剩余价值的阐释可知，超额剩余价值的提出是对"相对剩余价值"生产的外延及补充。超额剩余价值作为整个社会劳动生产力提高的原因，促成了相对剩余价值生产的结果，即个别生产者通过提高劳动生产力的方式缩短必要劳动时间，相对地延长剩余劳动时间，获得社会价值与个别价值之间的差额。当然，这个差额的存在仍是暂时的。

---

[1] 《马克思恩格斯文集》（第5卷），人民出版社2009年版，第370页。
[2] 卫兴华：《商品价值量的决定问题》，载于《经济研究》1962年第12期。

马克思主义金融理论与当代实践

所以"超额剩余价值"可视为"相对剩余价值"的特殊存在形式，二者都是企业自身剩余劳动的凝结，也就是"采用改良的生产方式的资本家，比同行业的其余资本家在一个工作日中占有更大的部分作为剩余劳动"①。本质上，超额剩余价值只是资本家对工人剩余劳动剥削的加深，正如马克思所言，"甚至在这种场合，剩余价值生产的增加也是靠必要劳动时间的缩短和剩余劳动的相应延长"②。超额剩余价值所涉及的只是企业内部必要劳动和剩余劳动的比例关系，而并未涉及转移之说。

最后，超额剩余价值来自企业自身劳动的创造，更符合劳动生产力提高的目的和动机。资本主义生产是商品生产，但其作为特殊的商品生产方式，决定了生产者所关心的是商品的剩余价值而不是绝对价值，因而通过提高劳动生产力来降低商品的绝对价值，进而降低其中所包含的劳动力价值部分以增加剩余价值的内含量，就是资本主义生产方式下技术进步的本质。由于"相对剩余价值与劳动生产力成正比"③，劳动生产力的提高自然就成为降低劳动力价值的手段。所以，个别企业提高劳动生产力就是为了"缩短生产一定量商品所必要的劳动时间"④，使其个别价值低于社会价值。这样一来，支持转移论的学者所说的"复杂劳动的本质是多倍的简单劳动。因此，劳动复杂程度的提高，将提高单位商品的个别价值"⑤ 就显然与马克思论述相悖。此外，部分转移论者将获取竞争优势作为提高劳动生产力的主要目的有失偏颇。事实上，获得超额剩余价值与取得竞争优势二者之间更像是相辅相成的关系，因而也就无法明确地为何者为因、何者为果的争论下论断。所能确定的是，使商品便宜是资本内在的冲动和经常的趋势。

---

① 《马克思恩格斯文集》（第5卷），人民出版社2009年版，第370页。
② 《马克思恩格斯文集》（第5卷），人民出版社2009年版，第369页。
③ 《马克思恩格斯文集》（第5卷），人民出版社2009年版，第371页。
④ 《马克思恩格斯文集》（第5卷），人民出版社2009年版，第372～373页。
⑤ 唐国增：《论超额剩余价值的来源》，载于《河北师范大学学报》1994年第1期；崔朝栋：《超额剩余价值的来源问题与马克思劳动价值论》，载于《当代经济研究》2009第10期；冯金华：《商品价值量的变化和某些"成正比"观点的误区》，载于《教学与研究》2012年第5期。

第三章　核心争议与问题焦点：金融利润从何而来

总的来说，从自创论出发，就可在交换之前获悉按社会必要劳动时间决定的价值量，而由于劳动生产力的提高使得商品的使用价值总量增加，单位商品的价值因所包含劳动量的减少而降低，就形成了社会价值与个别价值的差额——超额剩余价值。这种体现价值"在生产中凝结、在交换中体现"的因果关联，显然更为切合马克思劳动价值论对于劳动与生产过程所给予的重视。

三、金融利润形成之争：剩余价值论与信用货币论

马克思对利息本质的探究是对金融利润最原始形式的一种分析，但是金融利润的形成不仅仅是采取利息的形式，随着资本主义由自由竞争的资本主义发展到垄断资本主义，金融利润所采取的主要形式发生了较大的变化。许多学者都曾研究和阐述了金融利润的形成，但仍未形成统一的意见，其中最具代表性的是以下两种核心理论：剩余价值论和信用货币论。而在剩余价值论中包括剩余价值分配说和劳动力价值掠夺说，在信用货币论中则包括债务—货币膨胀说和货币主权转移说。

（一）剩余价值论

1. 剩余价值分配说

第一，马克思对于金融利润形成的观点。在马克思所处的时代，金融利润主要以利息的形式存在，马克思对于资本主义生产方式下的利息有一个较为完备的分析。马克思指出，利息作为借贷资本的产物，它同时是资本的货币和信用的货币统一的产物，这两者同时构成了最典型的金融利润形式。

首先，从形成内容来说，利息的形成离不开货币资本家的职能，与职能资本的主体不一样，货币资本家对于其他资本家而言具有特殊性，

他们既不像产业资本家那样通过直接控制剩余价值的生产过程来获得企业利润，也不像商业资本家那样通过直接控制剩余价值的实现过程来获得商业利润，而是凭借着对货币资本的所有权来经营贷放货币的活动，与资本家集团共同瓜分剩余价值。

其次，从形成方式和过程来说，货币资本家控制着生息资本的运动，生息资本是历史最为悠久的资本形态之一。基于封建社会生产方式的生息资本是高利贷资本，它与封建土地所有制密切相关，虽然高利贷资本称作资本，但是借贷者借贷是为了满足其消费而非投入生产过程，马克思曾指出，"高利贷资本有资本的剥削方式，但没有资本的生产方式"①。而借贷资本的形成与资本主义再生产的过程密切相关，它在职能资本运动的基础上产生，服务于职能资本的运动。因此，借贷资本只是货币资本家为了取得一定利息而暂时贷给职能资本家的货币资本。它诞生于职能资本的运动中，又已经从职能资本中游离出来而成为一种独立的资本形态，故它具有跟职能资本不一样的独特的性质。

具体而言，一方面，借贷资本作为一种商品的资本，借贷给职能资本家通过资本主义生产过程生产剩余价值或利润，因此它与普通的货币相比具有一种独特的使用价值，那就是它不仅拥有一般货币的职能，而且还能用来生产剩余价值，"资本本身所以表现为商品，是因为资本被提供到市场上来，并且货币的使用价值实际上作为资本被让渡"②。另一方面，借贷资本作为特殊的商品又与一般的商品不同。一般的商品在被消费时，它的使用价值和价值会随着消费过程一同消失，而对于借贷资本，"由于它的使用价值的消费，它的价值和它的使用价值不仅会保存下来，而且会增加"③。此外，借贷资本的贷出跟一般的商品交换不同，借贷资本家之所以愿意将其贷出，是因为在一定时期后可以将其收回并给他带来一定的利息，故他不是真正地将资本商品出卖，而只是将其暂

---

① 《马克思恩格斯文集》（第7卷），人民出版社2009年版，第676页。
② 《马克思恩格斯文集》（第7卷），人民出版社2009年版，第397页。
③ 《马克思恩格斯文集》（第7卷），人民出版社2009年版，第393页。

第三章　核心争议与问题焦点：金融利润从何而来

时转让以获得原来的价值额加上利息。正如马克思指出的，"价值额，货币，在没有等价物的情况下付出去，经过一定时间以后交回来。贷出者总是同一价值的所有者，即使这个价值已经从他手中转到借入者手中，也是这样"①。但是，资本商品又跟劳动力商品不一样。劳动力商品也有独特的价值和使用价值，劳动力商品的使用价值虽然也能带来更多的价值，但是劳动力一经被消费，则需要在一定的时间内通过消费资料的消费来进行再生产进而带来价值增殖，而资本商品则不需要这种对消费资料的"不必要的消耗"，它在经过一段时间后便会带来"增殖了的价值"。

从借贷资本的运动过程来看，其运动公式是：$G-G'$，借贷资本使得货币"像在劳动力的场合一样……创造价值，提供利息，成了货币的属性"②。从运动公式中可得知，生产过程消失了，运动过程缩短了，资本对雇佣劳动的剥削也被掩盖了。但实际上，倘若货币资本不经过生产地使用，是不可能发生价值增殖的，因此借贷资本的完整运动公式应该是：$G-(G-W\cdots P\cdots W'-G')-G'$。综上所述，利息只不过是资本家分化成货币资本家和职能资本家的结果，在这里，马克思作出了结论：货币资本家参与了剩余价值的分割，而利息则是这种分割下的产物。

利息作为借贷资本的产物，首先是资本的货币，但是脱离了虚拟资本的运动和信用的参与，仍称不上是金融利润。因此，借贷资本的运动形式即资本主义信用，在资本主义生产不断增长和资本主义信用不断发展的基础上，股份制度逐渐被大多数资本主义企业所采用。进一步地，股份制企业通过发行股票来集中社会上劳动者的闲散资金以发展壮大，股票本身并没有价值，但它之所以能够交易是因为凭它能获得股息，因此股票价格不外乎是资本化的股息收入。随着股份制和资本主义信用的进一步发展和壮大，股份公司乃至资本主义国家本身发行的有价证券种

---

① 《马克思恩格斯文集》（第7卷），人民出版社2009年版，第395页。
② 《马克思恩格斯文集》（第7卷），人民出版社2009年版，第441页。

类越来越多,如股票、债券等有价证券,由于它能为持有者带来一定收入,同时还能作为商品交易,这造成了一种假象:好像它们就是资本。其次,在资本主义社会中,人们也都是把这些有价证券看作资本,这是由于受资本拜物教的影响,这些有价证券并不是真正的资本,只是资本的"纸制的副本",故而被称为虚拟资本。拥有对虚拟资本的所有权除了能获得一部分剩余价值,还能进行投机买卖。证券投机的特征为:购买有价证券不是为了获取股息或利息,而是为了将其转卖出去以获得行市差额。所以,一方面,证券投机会造成虚拟资本价格的大幅波动;另一方面,资本主义企业要进行资本集中和发展壮大,又离不开这种证券投机,证券投机越是严重,越是把广大劳动者的收入集中起来,证券价格则越是倾向于上涨,企业募集到的资本则越多、越有利于扩大再生产,但证券投机会导致金融资本过剩,进而导致金融市场崩溃,反过来又会危及企业的正常生产和存活、劳动者的收入则化为泡影,实际存在的利益都被寄生阶级据为己有,这便是资本主义基本矛盾在虚拟经济领域的一个体现。

综上所述,利息是金融利润的最初始的形式,是借贷资本家和职能资本家共同瓜分剩余价值的结果,并且随着资本主义信用和虚拟资本的发展壮大而不断膨胀。

第二,金融资本的统治控制剩余价值的分配。列宁最先分析了垄断资本主义条件下金融利润的形成,他认为,垄断资本主义从本质上体现的是金融资本的统治,金融利润是通过对金融资本的统治以形成对生产和社会的方方面面的渗透的产物,从而进一步实现对生产生活各方面的乃至于对全世界范围内剩余价值的掠夺和剥削。列宁通过分析垄断资本主义的形成,认为垄断会促进金融资本的快速积累,随着金融资本垄断地位的确立,"它就绝对不可避免地要渗透到社会生活的各个方面去,而不管政治制度或其他任何'细节'如何"[①]。随着发达资本主义国家形成

---

① 《列宁全集》(第 27 卷),人民出版社 2017 年版,第 372 页。

第三章 核心争议与问题焦点：金融利润从何而来

资本家的垄断同盟，随着国内盈利空间的减少，金融资本家将过剩的资本向全世界范围内生产力欠发达的地方扩张，以攫取全球各地的市场和剩余价值。进一步地，金融资本通过与国家权力的联合，实现对世界范围内剩余价值的剥削，并且通过构建各种有利于垄断资本主义的秩序和规则以维持霸权地位，进而激发了帝国主义国家为追求更大剩余价值而开展全球范围内的竞争。

立足于资本主义银行不断发展壮大的现实，希法亭结合马克思的虚拟资本理论和列宁对金融资本的研究成果，在此基础上专门论述了银行资本的运作和银行利润的形成，独创性地提出了"创业利润"的概念：平均利润的资本和赚取平均利息资本之间的差额，[①] 并且以银行和股份制企业为例证，考察"创业利润"如何在资本主义现实中得到实现。希法亭的金融资本主义"立足于发达资本主义国家经济发展中金融部门（主要是指银行）的地位的变化和迁移以及职能的进一步扩大"。首先，银行的利润主要来自存贷款利息的差额，这部分利润与银行有多少自有资本没有多少关系。其次，银行资本在金融市场通过股票买卖和发行可以得到"创业利润"，而银行资本通过发行股票得到的金融利润取决于平均利润率和平均利息率；银行部门根据其自有资本和存款规模来决定参与有价证券发行的规模，并且通过自有资本的优势在金融市场参与竞争和兼并，并且借此影响发行股票的企业，取得对企业的控制权。

第三，生产部门的停滞导致了剩余价值的跨部门分配。垄断资本学派首先对垄断资本主义时代金融利润的形成进行了系统的阐释，并且预见到了资本主义发展到一定高度后必然会走向金融化转型的道路。他们认为，资本主义积累方式的变化，导致了生产利润的相对下降和生产部门的周期性停滞，这使得产业资本涌入金融领域、参与金融投机，通过金融领域的资本竞争形成不断膨胀的金融利润。索尔斯坦·凡勃伦以垄断资本主义的生产企业为研究对象，以现代企业作为分析起点，提出了

[①] 鲁道夫·希法亭：《金融资本》，福民等译，商务印书馆2009年版，第109页。

破坏—不在场理论。① 他认为,在私有产权制度下,技术对于生产企业同时具备建设性和破坏性,私有产权会使得建设性最终屈服于破坏性,造成生产过剩和利润的下滑;随着技术进步和企业的发展,商业资本家对生产企业的控制达到前所未有的水平,此时所有权具有了"不在场性",即商业资本家会专注于金融领域,而将生产的管理交给工程师和职业经理等"产业舵手",但"不在场所有者"总是凌驾于"产业舵手"之上,并且通过多种垄断竞争形式攫取超额利润。凡勃伦进一步指出,银行等金融机构是"不在场所有者"在20世纪的具体表现,提出了"金融舵手"的概念,"产业舵手"逐渐会沦为"金融舵手"的奴隶。保罗·巴兰和保罗·斯威齐则批判性地继承了凡勃伦的理念,② 创造性地提出了停滞—金融化悖论,通过对资本主义从自由竞争阶段向垄断阶段过渡的分析,他们认为,竞争形式转变的根源在于资本积累的作用机制发生了变化,而金融部门的膨胀这一现实特征打破了企业的高度稳定性,进而认为停滞是垄断资本主义的常态。根据这一分析,斯威齐提出:"生产部门将继续停滞,而金融部门将继续膨胀",并且"如果生产部门和金融部门最近表演的奇怪的双人舞一直持续很长时间,我们也不应觉得奇怪"。③ 这里的双人舞是"不平衡的双人舞",即在资本主义经济的条件下资本主义逐渐由生产转向金融,资本家不再专注于产品和服务的生产,而是通过参与金融市场活动以谋取金融利润,这也会造成剩余价值的积累速度远远低于借贷货币资本的周转速度。因此,未来很长的一段时间内可能会同时存在制造业部门的停滞以及金融部门及其体系的扩张,并最终迎来不确定的结局。④ 垄断资本学派的理论为金融利润的形成提供了一个全新的并且比较完整的分析角度,并且进一步提出,无论是原有生产体系内的

---

① 索尔斯坦·凡勃伦:《企业论》,蔡受百译,商务印书馆2012年版。
② 保罗·巴兰、保罗·斯威齐:《垄断资本》,南开大学政治经济学系译,商务印书馆1977年版。
③ 哈里·马格多夫、保罗·斯威齐:《生产与金融》,张雪琴译,孟捷校,载于《清华政治经济学报》2014年第3期。
④ Harry Magdoff, Paul M, Sweezy, "Production and finance", *Monthly Review*, No.1, 1983, pp.1–13.

第三章 核心争议与问题焦点：金融利润从何而来

资本积累还是金融体系下的金融积累都具有不可持续性，即金融利润的积累方式具有不可持续性。然而，垄断资本学派的国际垄断金融资本理论在逻辑一致性和系统完备性方面尚存在着缺陷，[①] 而且抛弃了马克思的剩余价值理论和生产方式批判逻辑，从而无法深入垄断资本主义的本质来分析金融利润的形成问题；此外，垄断资本学派无法解释在产业部门生产停滞的条件下金融利润还能自行膨胀的原因。

进一步地，杰奥瓦尼·阿瑞吉考察了现代资本主义国家垄断霸权更迭和金融利润的关系，并且指出金融扩张是资本主义企业生产转移到金融投机的结果，以及这些国家和企业通过金融交易造就金融利润。[②] 阿瑞吉认为，在现代西方资本主义中，不同国家除了竞相争取流动资本以外，还保持权力的不断集中，这是进行物质扩张和金融扩张的重要条件，如中世纪晚期热那亚和威尼斯的国债制度推动了资本主义初期的发展和对外扩展。而在世界经济的每个金融扩张阶段，一方面，"因盈利减少和把资本用于贸易和生产的风险增加而产生的金融资本的过量供应，一直跟有些组织对金融资本需求的大体上的同步增长互相适应"，并且盈利越是减少，它们则将尽可能多地借来资本用于金融领域，这些情况会导致资本主义组织把流动资本从贸易系统转向信用系统，从而增加了可贷资金的供给量；另一方面，有些机构通过借贷，寻求在一个竞争更加激烈的环境里生存下来所需的别的金融来源，增加了可贷资金的需求量。最后，阿瑞吉认为，"在世界经济中占据制高点的商人银行家集团，完全为资本主义和非资本主义组织的各自追求'提供服务'"[③]，他们对世界市场的状况了如指掌，并且控制着世界上绝大部分的流动资产，这些集团能够把世界经济的不稳定局面变成获取大量而又稳当的投机性利润的源泉。阿瑞吉正确地考察了资本从生产和贸易领域转移到金融投机背后的原因是伴随着霸权的集中和转移以及生产领域盈利的减

---

① 张雪琴：《经济停滞与金融舵手——对垄断资本学派之凡勃伦思想渊源的考察》，载于《国外理论动态》2018 年第 7 期。
② Giovanni Arrighi, *The Long Twentieth Century*, London: Verso, 1994, pp. 221–229.
③ 杰奥瓦尼·阿瑞吉：《漫长的 20 世纪》，姚乃强等译，江苏人民出版社 2001 年版。

少,但是他对金融扩张的分析完全忽略了货币在其中所起的作用,并且同样无法解释生产部门陷于停滞的同时金融利润还能实现不断膨胀的原因。

第四,金融利润形成于未来剩余价值的分配。一部分学者,如本·法因、斯塔夫罗斯·马夫罗德斯①、邓肯·弗利②和托尼·诺菲尔德等③,坚持各种金融利润的具体形式均是产业部门雇佣工人所创造的剩余价值的转化形式,并且从时间维度上对金融利润进行研究,提出金融利润是对当前剩余价值的当期占有和对未来剩余价值的提前占有。④ 本·法因仔细考察了各种转化形式下的金融利润,认为金融利润可以是雇佣工人所生产的剩余价值的一部分,也可以是用于劳动力再生产的价值的一部分,即劳动力商品价值的一部分,指出资本家不仅通过雇佣工人生产的剩余价值的再分配以金融市场的形式获取金融利润,而且通过占有工人对劳动力再生产的支付的一部分来进一步扩大对金融利润的攫取。诺菲尔德认为,金融利润主要是由买卖金融资产的收益构成的,金融资产的价格取决于未来预期现金流折现值之和,跟未来而非当前生产出来的产品价值有关,即凭借着资产的所有权提前得到了将其以后用来生产的剩余,这使得金融市场上的所有参与者都变成了零和博弈的参与者。其实,这里认为的金融利润与当前生产剩余价值无关是误解了有价证券的收入资本化的概念,实质上当前生产的剩余价值也是未来生产剩余价值的一部分。马夫罗德斯结合了马克思的借贷资本理论和虚拟资本理论,首先阐释了货币资本和生息资本的根本区别,并且在马克思的基础上仔细考察

---

① Stavros Mavroudeas, "The Financialisation Hypothesis and Marxism: A Positive Contribution or A Trojan Horse", *Second World Congress on Marxism*, May 2018.

② Duncan Foley, "Rethinking Financial Capitalism and the 'Information' Economy", *Review of Radical Political Economics*, Vol. 45, No. 3, 2013.

③ Tony Norfield, *The City: London and the Global Power of Finance*, London: Verso, 2016; Ben Fine, "Financialisation, the Value of Labour Power, the Degree of Separation, and Exploitation by Banking", *SOAS Research Students, Summer Seminar Series*, April 2009.

④ 谢富胜、匡晓璐:《金融部门的利润来源探究》,载于《政治经济学评论》2019年第6期。

第三章 核心争议与问题焦点：金融利润从何而来

了虚拟资本的性质和特点，认为现代金融市场制度下由于资本的二重性质使得一切东西都可以转化为金融资产，指出货币经营资本、借贷资本和虚拟资本共同构成了现代金融体系。

除此之外，弗利根据银行部门的经营业务，将金融利润分为利差和经纪佣金。利差是指银行部门经营存贷款业务所得到的收入，它构成了银行部门金融利润的主要部分；经纪佣金是指银行部门为金融市场参与者提供中介服务所得到的报酬，这部分金融利润的多寡，取决于生产部门和银行部门竞争的激烈程度。根据弗利的观点，金融利润实质上是当前生产的剩余价值加上未来生产的一部分剩余价值的转化形式。诺菲尔德认为，在金融体系中具有话语权的经济实体或部门往往能随意操纵金融资源的流动方向，由发达资本主义国家发起的金融市场本身就具备不平等性，它不仅掠夺本国劳动者未来生产的剩余价值的一部分，同时也对欠发达国家劳动者未来的生产施加影响。诺菲尔德的观点与"中心—外围"理论有些相似，在其文章中也对发达国家和欠发达国家之间的不平等交换进行了重点阐述。因此，认为金融利润来自未来剩余价值实现的观点不仅能够说明金融利润来自产业部门工人生产的剩余价值，还能解释金融利润在生产停滞的同时还能实现自我膨胀的原因，但这种观点仅零散地见于某些学者的文章里，并没有对金融利润的形成进行系统的阐述。

2. 劳动力价值掠夺说

一部分学者通过分析金融部门对产业部门工人劳动力价值的掠夺机制来解释金融利润的形成。有些学者的研究体现了金融利润形成的一些观点，如泼林认为分析金融利润的时候必须考察资金流及其循环的运动，提出金融利润产生于金融资产交易以及资金流运动的过程中。[①] 他认为，金融利润本质上是利润分配的产物，是从劳动者所生产的剩余价值和工

---

① Pollin Robert, "The Resurrection of the Rentier", *New Left Review*, Vol. 46, 2007, pp. 140 – 153.

马克思主义金融理论与当代实践

资中挤压出来的不断增大并转移到金融市场中的一个部分，是资本家在金融市场中采取对自身有利的分配方式和资金流动方式的产物，并且结合劳动市场的作用对雇佣工人的工资施加进一步的压力。而特雷克和泼林等后凯恩斯主义学者认为，金融利润本质上就是当前国民收入流量的一个再分配的结果，而这个国民收入流量实质上是由劳动者的可分配收入或者工资来决定的，因此，从整个社会来看，国民收入流量的变化不会影响社会总财富的增加或减少。①

科斯塔斯·拉帕维查斯系统地阐述了金融利润的形成如何来自对产业部门工人劳动力价值的掠夺，并且尝试对金融利润的各种具体形式进行阐述和分析。② 他首先强调了金融利润具有多重形式，而这样的一种多重形式是由当前资本主义异质性的生产关系所决定的，并且从金融利润的多重形式出发论证资本主义不平等剥夺的多种形式。他认为，金融利润从根本上来自产业部门工人所生产的现存的剩余价值和劳动力价值，而这两种价值的不平等转移来自资本和劳动的不平等地位。拉帕维查斯对金融利润的观点颇成体系。一方面，从马克思主义政治经济学以及马克思的平均利润和生产价格学说出发，拉帕维查斯首先提出了"剥夺性利润"的概念，并在此概念的基础上揭示了金融利润的来源及其内在所反映的生产关系和交换关系，建立了以劳动力价值剥夺为核心的金融利润理论；另一方面，拉帕维查斯还详细地分析了希法亭的"创业利润"的概念，深入阐述了金融利润的各种具体形式及其背后的社会经济内涵。

根据金融利润的产生渠道和运动过程，拉帕维查斯将金融利润区分为以利息和股息为主要内容的核心部分，以及以佣金和手续费为主要内容的其他部分。其中，金融利润的核心部分主要表现为利息和股息，它们是与资本主义直接生产过程和流通过程相关联的部分，这部分通常也

---

① Pollin Robert, "Contemporary Economic Stagnation in World Historical Perspective", *New Left Review*, Vol. 219, 1996; Till van Treeck, "The Political Economy Debate on 'Financialization' – A Macroeconomic Perspective", *Review of International Political Economy*, Vol. 16, No. 5, 2009.

② Costas Lapavitsas, "The Financialization of Capitalism: 'Profiting without Producing'", *City*, Vol. 17, No. 6, 2013, pp. 792 – 805.

第三章 核心争议与问题焦点：金融利润从何而来

包括资本利得；金融利润的其他部分则表现为金融机构凭借着垄断中介渠道所收取的佣金或手续费，它们是与金融市场分配形式相关联的部分。拉帕维查斯认为，金融利润是金融市场的产物，它与资本主义直接生产过程中由雇佣工人所生产的剩余价值不同；金融体系内的剥削主要体现在金融资本凭借着对资本的所有权，对劳动者可变资本部分的价值通过金融市场体系实现对自身有利的再分配，并且是由工资形式的分配转变为利息形式的分配，这进一步反映了金融资本和劳动在金融体系内的形式上的不平等。拉帕维查斯还考察了金融利润和剥夺性利润的区别和联系。他指出，剥夺性利润这个概念对于他的金融利润理论不可或缺，利用这个概念，拉帕维查斯使用历史唯物主义的方法考察了各种金融工具以及各种具体形式的金融利润，论证了新出现的各种金融工具逐渐把企业部门和家庭部门都卷入金融化的进程中，而这个金融化的过程使得在金融体系中金融资本和劳动的关系由形式上的不平等转变为实质上的不平等，这就是"金融剥夺"的根本内涵。[1]

拉帕维查斯将金融利润的具体形式划分为来自商业信用的金融利润、来自货币贷放的金融利润和来自金融资产交易的金融利润，通过分析上述三种具体形式，他得出以下结论：金融利润从根本上来自现存剩余价值和劳动力价值，概括起来就是来自剩余价值。泼林和拉帕维查斯等学者从金融掠夺的角度提出金融利润根本上来自生产部门当前生产的剩余价值和工人劳动力再生产的价值再分配是科学的，但是拉帕维查斯"金融掠夺论"的观点脱离了资本主义生产过程，而单从流通过程去考虑金融利润的产生，这是不正确的，因为只有剩余价值才是金融利润的根本源泉。进一步地，虽然部分学者认为金融利润的增殖来源于对产业工人的金融掠夺，但是他们没有正确地从有价证券的价格是资本化的收入的观点完整地理解金融利润，从而无法正确理解购买有价证券的动机是获取未来生产的利润的一部分，无法理解金融利润如何在产业部门停滞的

---

[1] 张雪琴：《金融化与金融利润之谜——评拉帕维查斯的金融利润理论》，载于《财经科学》2015 年第 8 期。

情况下自行实现膨胀,进而没法正确理解金融利润的增殖也部分来自未来生产的剩余价值和对别国剩余价值的掠夺。

(二)信用货币论

部分学者认为从剩余价值分配的角度无法完全解释金融利润如何在生产停滞的条件下实现自我膨胀,而是应该从金融领域的各种因素和金融部门的职能来解释这个问题,其中,被研究得最多的金融领域因素和金融部门职能是信用货币。

1. 债务—货币膨胀说

第一,银行部门通过债务创造谋取银行利润。通过货币现象来解释金融机构如何攫取金融利润方面,海曼·明斯基走在了时代的前列。肇始于货币是内外生的命题争论,明斯基认为货币的本质是债务,体现的是复杂的社会债权债务的关系,银行可以通过债务的自我生成而促进金融利润的膨胀,故货币是银行内生的,而非中央银行通过调节银行准备金而外生控制的。[①] 这种内生货币的观点认为银行可以发行自己的票据。首先,它假设银行和借款人双方自主自愿,银行通过电子化科目自动生成存款在借款人账户,相应集成一笔贷款在银行资产科目,并且银行"先创造存款,随后再寻求准备金",即通过创造债务自我形成金融利润。其次,明斯基认为,"资本主义经济可以用一系列相互联系的资产负债和现金收益表来描述",金融机构的独特之处在于它们是以高杠杆来运作的,如银行的资产头寸都是通过融资购买的,它们发行负债融资来购买资产,而它们发行的负债又成为"别人的钱",银行可以通过"空手套白狼"的形式,在攫取金融利润的同时将风险转移给债权人。最后,由于"货币经理资本主义"的流行,由专业的职业经理人管理资金,并且债务

[①] 兰德尔·雷:《明斯基时刻:如何应对下一次金融危机》,张田等译,中信出版集团2019年版。

第三章　核心争议与问题焦点：金融利润从何而来

自我生成的权力从银行转移到较少受到监管的影子银行类的"货币管理者"，"货币经理资本主义的出现，意味着经济中的资本发展融资相比追求短期总利润而言已经处于次要地位"[①]。随着受托管理下的财富金额远远超过社会有效投资金额，为了保证高收益，货币管理者和银行家不得不更多运用金融投机，使得攫取的金融利润随着已有债务的进一步扩大而扩大。总而言之，明斯基认为资本主义金融的内在不稳定性是资本主义社会不稳定性的根源，[②]而这种不稳定性出自银行部门（进一步发展到影子银行）对债务或信用货币的自我创造，这又往往是银行部门攫取大量金融利润的重要手段。本质上，明斯基的观点是信用货币在银行体系内通过债务自我生成来实现利润的转移。

第二，政府部门和货币当局通过税收驱动控制国家金融市场收益。一部分学者从现代货币理论出发，探讨财政政策和货币政策如何通过信用货币的派生机制影响金融市场和金融部门利润。现代货币理论的重要代表，美国经济学家兰德尔·雷认为以税收驱动形成对法币的广泛需求作为基础，在此基础上一国的财政部门和货币当局可以相互配合进行信贷扩张，在造成金融利润和杠杆不断膨胀的同时，还能控制国家的通货膨胀水平。

通过分析政府部门、货币当局和银行部门的资产负债表，兰德尔提出税收是驱动人民广泛使用法币的根本性力量，即所谓的"税收驱动论"。兰德尔认为，政府征税的目标不只是征收货币税、取得财政收入，另一个主要的目的是创造社会对本国货币的需求；由于资本主义国家只接受本国货币作为向自身支付的唯一工具，全社会必须存在一个动态平衡的、合适的货币需求量。又因为本国居民都倾向于相信自身持有的货币能够在本国范围内实现流通手段和价值储藏，这就为国家发行的货币提供了更大的流通空间，这就是货币需求出现的起源。从这一基础

---

① Hyman P. Minsky, "Reconstituting the United States' Financial Structure: Some Fundamental Issues", Annandale – on – Hudson, NY: Levy Economics Institute, Working Paper, No. 69, 1992.

② 李黎力：《明斯基的学术遗产及其当代价值》，载于《国外理论动态》2019 年第 12 期。

出发，结合"贷款创造存款"这一货币派生机制，兰德尔提出政府可以无上限地进行融资。一方面，根据贷款创造存款，因为中央银行不需要向任何机构提交准备金，故其存款准备金率为零，这实际上意味着资本主义国家的中央银行可以无限制地进行货币派生；另一方面，中央银行可以无上限派生信用货币决定了财政部门可以无上限融资，这是因为财政部门可以一直发行各种政府债券，而债券发行的市场需求最终均可以通过中央银行的公开市场操作将债务债权关系转化为财政部门与中央银行的债权关系。兰德尔指出，法定存款准备金率约束的是信用货币派生的上限，而不是信用货币派生的实际规模。这意味着资本主义国家可以通过法定存款准备金率的调控，利用扩张性的政策在金融市场上得到大量金融利润。根据上述分析，可以得出结论：资本主义国家可以通过财政部门和货币当局的相互配合，不断地进行量化宽松，通过金融市场赚取惊人的收益，基础货币量大幅提高的同时并没有发生严重的通货膨胀。

2. 货币主权转移说

除了从债务—货币膨胀的微观视角研究金融利润，还可以从主权货币或者货币自主权这一宏观视角去探讨货币对金融部门赚取利润能力的影响。本杰明·科恩尝试从货币地理学的角度阐述一国主权货币及该国的货币自主权如何影响该国的金融市场和金融机构产生利润的能力，[1] 得出的结论是，随着货币模式的变化，主权国家通过主权或非主权货币来获取金融利润的方式也在不断变化。科恩认为，货币模式经历了从传统的以空间为核心的模式到现在的以流动性为核心的模式的重要变化。以空间为核心的模式，以威斯特伐利亚模式为例，它表示货币所产生作用和流通的领土范围和该货币发行国家所具有的政治权力是相一致的，于是，"货币创造权多年来已成为国家主权的主要标志之一……创造自身的

---

[1] 本杰明·科恩：《货币地理学》，代先强译，西南财经大学出版社2004年版。

第三章 核心争议与问题焦点:金融利润从何而来

国内货币的能力是主权国家的主要金融特质"[1],被强化了的货币主权和政治管辖权加强了国家政府及其货币当局对本国金融市场的控制能力,从而也控制了金融部门的利润产出效率。这种以流动性为核心的模式,其标志性的两种典型子模式是从属的货币主权和分享的货币主权。一方面,从属的货币主权的一种极端形式是货币当局直接使用外国货币作为本国的法定货币,如巴拿马,科恩认为,巴拿马的这种货币安排虽然依赖美元创造了一个抑制通胀的稳定环境和建成一个重要的离岸金融市场,但是会导致巴拿马和美国政治上的脆弱关系,一旦巴拿马和美国的关系恶化,巴拿马将会面临极度恶劣的国内经济环境和金融环境,其经济无论从实体领域还是金融领域都会遭到重大破坏。另一方面,对于分享的货币主权,其主要形式是货币联盟,货币联盟的一种极端是完全货币联盟,货币控制权完全集中在一个超国家机构中,如欧盟;另一种极端是汇率联盟,公开相互固定的货币价值但把货币管理权留给各国政府,如布雷顿森林体系。进一步地,科恩在分析欧洲货币时认为,欧洲货币联盟的建立淡化了国家货币垄断相关的独有优势,如铸币权和宏观经济控制能力,但是加强了与美元货币霸权抗衡和高效竞争的能力,以及能够在国际金融市场上保持汇率稳定,使得欧洲具有跟美国争夺世界金融利润的能力。进一步地,科恩指出任何事件都会通过影响货币市场信心以产生管理需求,当代国家仍可以通过控制货币关系来影响金融部门的盈利能力,从而控制金融利润的形成。

上述学者基于货币现象的角度来剖析金融利润的形成,无论是海曼·明斯基的内生货币观点和货币经理资本主义,抑或是本杰明·科恩的主权货币理论,还是兰德尔·雷的现代货币理论观点,都结合了货币流通和货币权力的观点来分析如何通过控制货币创造和货币流通等途径来影响金融利润的获取和增殖,但是他们仅仅停留在货币现象的层面去解释金融利润的形成和增殖,完全脱离了生产领域去讨论金融领域内金

---

[1] Fred Hirsch, *Money International*, London: Penguin, 1969.

融利润的产生，没有进一步探究金融利润的本质和根本的来源。

（三）剩余价值论与信用货币论的本质关系

在剩余价值论的框架内，剩余价值分配说认为金融利润归根结底来自产业部门雇佣工人生产出来的剩余价值，它可以由金融资本的统治来分配得到，或者是跨部门进行分配得到，也可以由未来生产的剩余价值分配得到。劳动力价值掠夺说认为金融利润不只来自剩余价值，还来自对雇佣工人的劳动力价值掠夺的一部分。

在信用货币论的框架内，债务—货币膨胀说认为货币的本质是债务，金融利润可以通过货币或债务的创造和派生以实现再分配和膨胀，它可以由银行部门通过货币派生的方式进行，也可以由政府部门和货币当局通过货币创造的方式进行。货币主权转移说认为货币主权可以通过影响其他国家的流通货币实现金融利润的跨国际再分配。因此，债务—货币膨胀说和货币主权转移说都认为金融利润的膨胀可以通过货币因素的数量和时空两个维度来解释，是当代金融利润膨胀的主要形成方式。

从根本上说，上述关于金融利润膨胀的两种分析视角并不是表面上的对立关系，而是一般和特殊的关系，并且可以作为更高层次理论的一部分。一方面，两种视角均强调了金融资本所带来的分配方式的根本目的和动机是追求尽可能多的利润，以及聚焦于职能资本和金融资本之间争夺利润分配的历史过程。另一方面，剩余价值论的观点着重描述金融利润的"基本盘"，即无论金融利润如何变化，其根本来源都是雇佣工人所生产出来的剩余价值，即金融利润的增减都不能脱离剩余价值的框架，并且通过产业资本利润和金融利润表面的关系联系起来；而信用货币论的观点则是从信用货币发行、派生和国际转移的角度去描述信用货币变化对金融利润的直接影响。综上所述，对于金融利润的形成和膨胀，无论是剩余价值论还是信用货币论，都离不开剩余价值这一框架。对金融

第三章 核心争议与问题焦点：金融利润从何而来

利润的两种不同分析方法是特定的逻辑分析，是一般和特殊的关系，它们可以通过考察产业资本利润率、信用货币需求和金融利润率的相关关系予以体现。

具体而言，一方面，金融利润的增减离不开剩余价值这一框架：金融利润以生息资本的产物——利息作为最初的形式，随着金融资本的发展壮大而不断膨胀，其形式也逐渐变得多样化，并且渗透到社会生活的方方面面，而剩余价值也可以进一步地通过压榨劳动者的工资得以增加；随着金融资本的触手伸至世界上的一切国家，以及信用关系的进一步发展，剩余价值容纳的范围和框架得以不断扩大和延展，使得剩余价值能够通过国际转移或者控制未来的生产活动而不断增加。另一方面，在剩余价值这一框架内，信用货币因素对金融利润的增减发挥了重大作用，主要体现在：银行部门通过发行票据，以负债融资的方式进行"空手套白狼"式的投资活动以获取金融利润；或者政府部门和货币当局相互配合，通过财政政策货币化的方式实现金融利润的膨胀。总之，两种观点可以在同一个大框架内共同说明金融利润的形成。

四、金融利润的形成和膨胀：基于美国数据的事实与分析

在上述两种观点的基础上，估算以美国为代表的资本主义国家的金融利润率，考察其金融利润膨胀现实。

金融利润的形成离不开企业参与金融活动的情况，对于金融利润的研究，很多学者都是从企业总体利润率出发，探讨企业参与金融活动和总体利润率的关系。一种较为流行的观点是，制造业企业的金融活动与其总体利润率之间存在着一种动态平衡的关系，[1] 若制造业经营利润率

---

[1] 谢富胜、匡晓璐：《制造业企业扩大金融活动能够提升利润率吗？——以中国A股上市制造业企业为例》，载于《管理世界》2020年第12期。

没有达到一定的水平，企业参与金融活动不但不能提高其总体利润率，而且会导致经营利润率和金融利润率同时下降，从而导致总体利润率也下降，进一步地，经营利润率的下降又会加强企业参与金融活动的倾向，如此循环；若制造业企业的经营利润率达到一定条件，那么企业通过参与金融活动可以提高经营利润率和金融利润率，从而提高总体利润率。

在核算金融利润的研究中，大多数学者核算的是"金融化"后的利润率，即企业大量投入资源参与金融活动后的利润率。谢富胜等通过美国的国民收入和产出账户表 NIPA 的要素核算出非金融部门企业加入"净金融收入"前后的总体利润率，得出的结论是，由于受到"股东价值运动"的影响，利息和股息支出大幅度拉升，非金融部门的负债缺口不断扩大，需要不断通过发行债券和股票等融资手段来获得资本主义扩大再生产所需要的资金以维持利润率在一定的水平，导致了非金融部门企业总体利润率的周期波动和长期下降的趋势。[1]

上述研究说明了发展中国家的非金融部门企业参与金融活动可能会导致其总体利润率的大幅度波动和加速下降的趋势，但是并没有对非金融部门企业与金融部门的金融利润和金融利润率的趋势变动进行探讨。本书尝试采用两种不同的方法去估算美国经济金融利润率的长期变动趋势。

1. 利用国民收入和产出账户 NIPA 估算金融利润率

本书尝试改进杜梅尼尔等开创的方法，对 20 世纪 60 年代起美国经济的金融利润率的变动趋势进行测算和分析。[2] 首先利用国民收入和产出账

---

[1] 谢富胜、李安、朱安东：《马克思主义危机理论和 1975—2008 年美国经济的利润率》，载于《中国社会科学》2010 年第 5 期。

[2] G Duménil, D Lévy, "The Real and Financial Components of Profitability", *Review of Radical Political Economy*, Vol. 25, No. 1, 1993.

第三章 核心争议与问题焦点：金融利润从何而来

户 NIPA 中的数据对美国经济的金融利润率进行测算，公式如下：

$$金融利润率 = \frac{净利息收入 + 净股息收入 + 境外再投资收入 + 调整项}{有形资产 - 净负债 + 外国在美直接投资}$$

(3.1)

1960~2018 年美国经济的金融利润率变动趋势如图 3-1 所示。从图 3-1 可以看出，美国经济的金融利润率在 20 世纪 70 年代前基本维持在低于 10% 的水平，从 70 年代开始金融利润率逐渐提升到 15%~20% 的水平，而且时间越往后，金融利润率的变动越不稳定，这一过程和企业大量参与金融活动密不可分。进一步地，本书利用 NIPA 中的数据对利息收入和股息收入占金融总收入的比例作出了估计，两种收入的比例如图 3-2 所示。从图 3-2 可以看出，从 20 世纪 60 年代到 2018 年，利息收入的比重总是高于股息收入的比重，这有可能是因为资本主义国家的企业在其"黄金时代"迅猛发展，将更大比重的利润用于投入扩大再生产而非发放股息；而利息收入与当时资本主义国家的基准利率相关。从图 3-3 可以看出，美国历年联邦基金利率的长期变动趋势和利息收入比例的长期变动趋势是基本一致的。综上所述，从长期来看，利息收入的比例有下降的趋势，而股息收入的比例有上升的趋势。

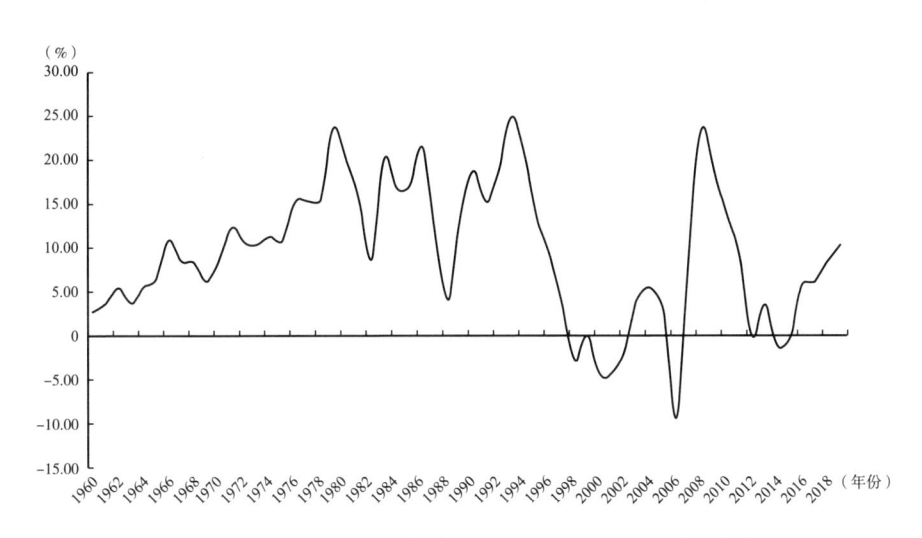

图 3-1 利用 NIPA 估算的 1960~2018 年美国金融利润率

马克思主义金融理论与当代实践

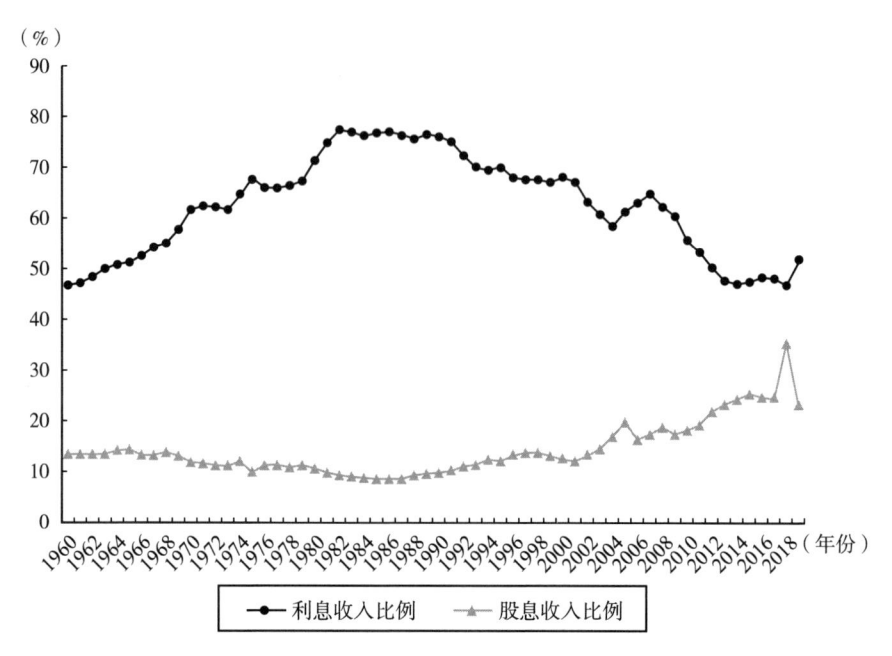

图 3 - 2　利用 NIPA 估算的 1960~2018 年美国金融收入的两种来源

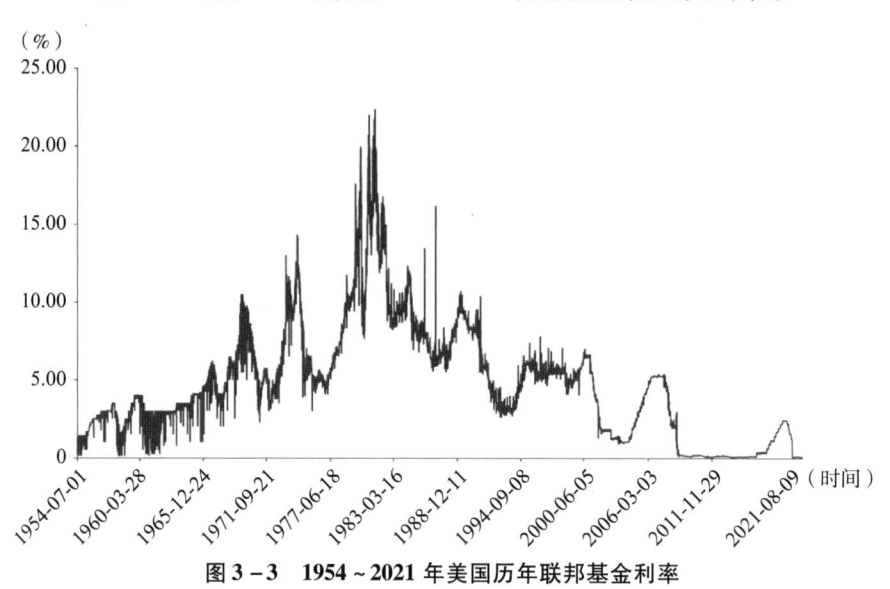

图 3 - 3　1954~2021 年美国历年联邦基金利率

资料来源：根据 Wind 数据库数据整理而得。

2. 利用 S&P500 的财务数据估算金融利润率

除了利用 NIPA 的要素对金融利润率进行估算的方法以外，本书还尝

64

第三章　核心争议与问题焦点：金融利润从何而来

试从会计核算的角度对S&P500成分股（分为制造业部门和金融部门）的金融利润率进行估算，这是因为S&P500企业的发展状况较能代表美国经济的发展状况。

首先，由会计恒等式：

$$营业利润 = 营业收入 - 营业成本 - 税金及附加 - 销售费用 \\ - 管理费用 - 财务费用 + 公允价值变动 \\ + 投资收益变动 + 资产处置收益变动 \quad (3.2)$$

经过移项可以得到：

$$公允价值变动 + 投资收益变动 + 资产处置收益变动 = 营业利润 + \\ 营业成本 - 营业收入 + 财务费用 + 销售费用 + 管理费用 \quad (3.3)$$

其中，公允价值的变动是固定资产和金融资产公允价值变动所导致的浮盈浮亏；投资收益变动包括股息收入、利息收入、股息支出、利息支出；资产处置收益变动是出租、买卖固定资产时产生的净收益（损失）和买卖金融资产时产生的净收益（损失）。值得注意的是，本书将利用固定资产进行出租、出售等用于非生产活动时所产生的收益或亏损也一并计入金融利润中，而且公允价值变动所导致的浮盈不是实际真实获得的金融利润，因此该估算方法是高估实际金融利润的。在前面的分析中可以得知：公允价值的变动和资产处置收益变动属于金融利润中的投机收入和派生收入，而投资收益变动属于金融利润中的利息收入。

接下来，式（3.4）两边分别除以营业收入即可得到：

$$金融利润率 = 经营利润率 + 收入成本率 + 财务费用率 + 管理费用率 \\ + 销售费用率 - 1 \quad (3.4)$$

根据以上会计等式和S&P500成分股的相关财务数据指标，可以得到图3-4（非金融部门的金融利润率）、图3-5（非金融部门的总体利润率）、图3-6（非金融部门的财务费用率）和图3-7（金融部门和非金融部门的金融利润率）。这里的非金融部门涵盖工业、材料、能源和日常消费品部门。

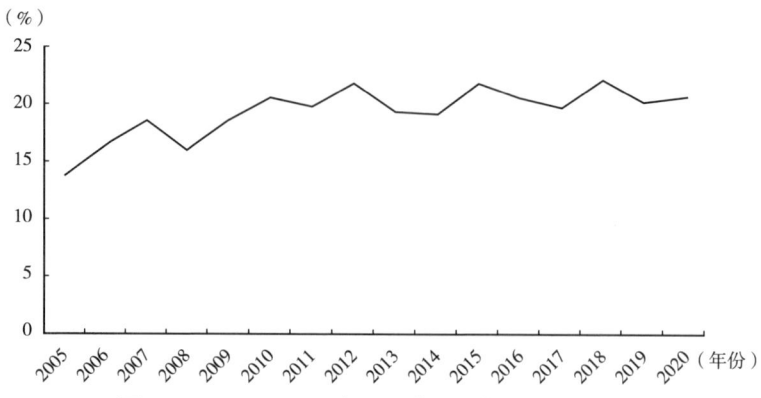

图 3-4　2005~2020 年美国非金融部门金融利润率

资料来源：根据 Wind 数据库数据整理而得。

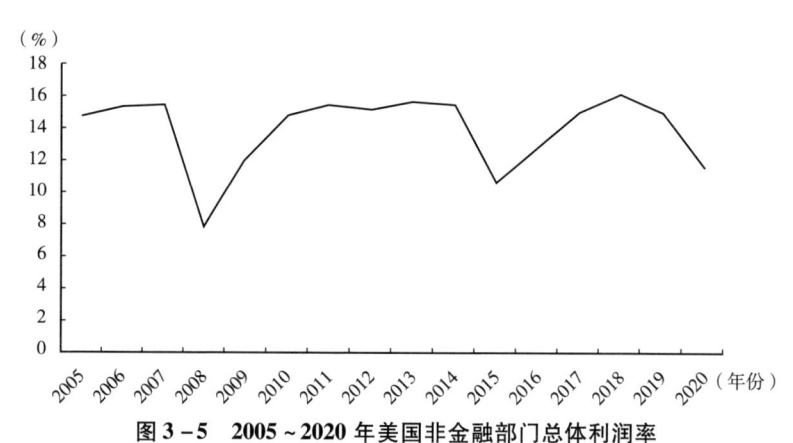

图 3-5　2005~2020 年美国非金融部门总体利润率

资料来源：根据 Wind 数据库数据整理而得。

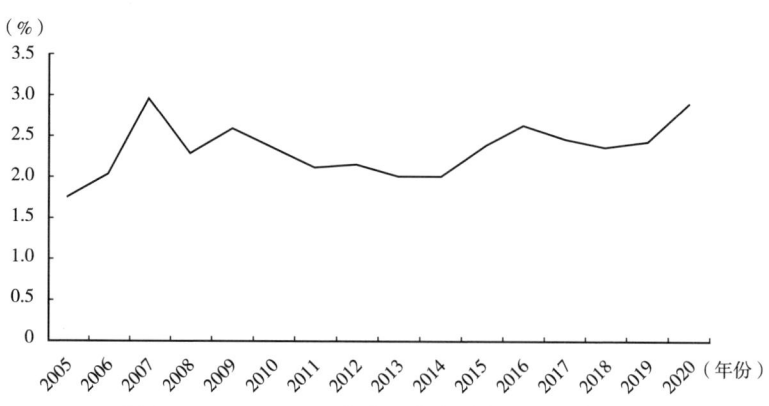

图 3-6　2005~2020 年美国非金融部门财务费用率

资料来源：根据 Wind 数据库数据整理而得。

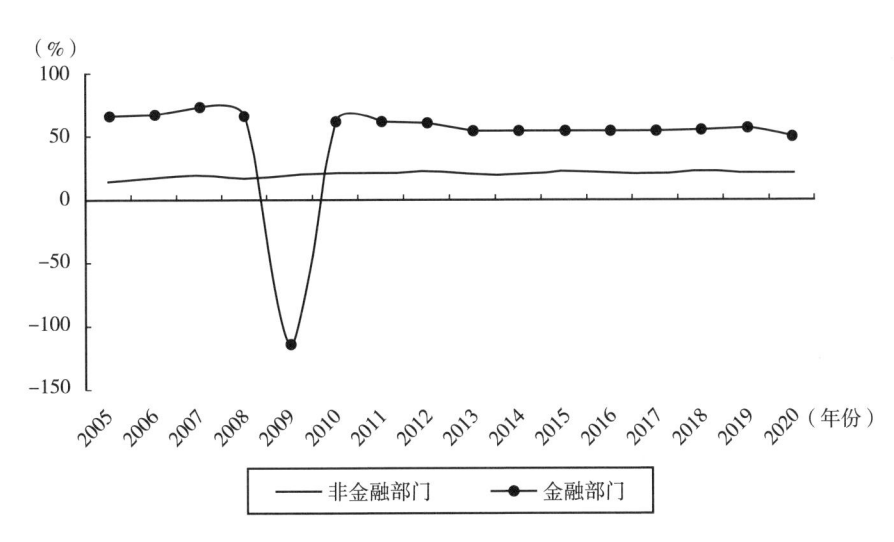

第三章 核心争议与问题焦点：金融利润从何而来

图 3-7 2005~2020 年美国金融部门和非金融部门金融利润率
资料来源：根据 Wind 数据库数据整理而得。

从图 3-4 和图 3-5 可以看出，2005~2020 年，非金融部门的金融利润率有明显增长的趋势，而总体利润率却没有长期增长的趋势且波动率被放大，而且有些年份的金融利润率要高于总体利润率。这是因为，除了"其他营业支出"过高或资产信用减值等特殊情况以外，随着非金融部门金融资产配置的增加，金融利润的比例会随着金融资产配置比例的提高而提高，但是企业为了筹到更多的资金而增发股票和债券，导致需要支付的利息和股息增加，从而进一步提高了财务费用率（见图 3-6），故制造业的利润率为负。另外，更高的金融资产配置对非金融部门具有明显的抑制作用，不仅使得非金融部门的总体利润率停滞，而且使得其总体利润率对经济金融环境的敏感程度大幅度增加。

因此，使用 S&P500 企业的财务数据来估算金融利润率的结论与采用 NIPA 数据估算金融利润率得到的结论基本一致，即无论是金融部门还是非金融部门，金融利润率都明显出现膨胀的长期趋势，而且金融利润率不稳定性的程度有增长的趋势。

以上两种方法，第一种方法通过改进杜梅尼尔等开创的方法对 20 世纪 60 年代起美国经济金融利润率的变动趋势进行了测算和分析，利用国民收入和产出账户 NIPA 中的数据对美国经济的金融利润率进行了测算；第二种方法尝试从会计核算的角度对 S&P500 成分股（分为制造业部门和金融部门）的金融利润率进行估算。两种方法得出的结论是一致的：从 20 世纪 70 年代开始，美国的金融利润率呈大幅上涨的趋势，并且波动幅度大幅提高。另外，第一种方法揭示了金融利润中利息收入占大多数，而且利息收入有下降的趋势、股息收入有上涨的趋势；第二种方法揭示了企业参与金融活动的情况在增加，并且其财务指标显示企业的财务负担愈加沉重。此外，涉及金融利润膨胀机制的模型较少，大多采用了后凯恩斯主义的分配模型进行扩展和解释，这也是后续探讨的方向。

　　研究金融利润的形成和实现问题具有一定的理论意义和实践意义。在理论层面上，本章在坚持马克思主义劳动价值论和剩余价值理论的基础上，结合近现代信用货币理论对资本主义金融化转型后金融利润的形成机制进行了阐释，对金融化转型理论体系进行了发展和升华。在实践层面上，根据前面得出的结论，在实体经济核心竞争力偏弱而金融市场监管制度不完善的情况下，实体经济往往倾向于依赖金融市场获取更高的利润，从而呈现出虚拟经济高速增长，金融市场的资产规模快速扩大，此时影子银行往往到处生根发芽，货币从实体经济领域大量流入虚拟经济领域，于是金融利润由取决于产业资本利润转变为取决于信用货币的膨胀，在这种情况下，产品市场和金融市场的波动变得十分严重。因此，为了实现金融部门和非金融部门的良性互动，增强实体经济部门的核心竞争力，亟须完善金融市场监管制度，构建和培育现代化的国家治理体系和治理能力。

第四章
Chapter 4

当代资本主义金融化转型：
资本主义生产的危机

我国市场经济的发展实践只有40多年，为了正确处理金融和实体经济之间的关系，我们需要充分吸取发达市场经济国家金融资本发展的经验与教训，为我国的发展实践提供理论支持。发达经济体的实践表明，如果金融资本与实体经济的关系处理得当，金融资本就能有效促进经济发展并使之成为经济强国，如果金融资本的发展超出实体经济发展的需要非理性发展，则会引发金融危机、经济动荡，甚至导致发达经济体的衰落。这样的现象在历史上四个核心国家，即意大利、荷兰、英国和美国都重复出现过。

而在当前以美国为主导的发达经济体中，在第二次世界大战到20世纪70年代之前，金融资本与实体经济既表现出功能相对独立，又保持了共同促进积累的协调关系，金融资本服务于实体经济的发展保证了黄金时期经济的稳定增长；伴随着70年代初的"滞胀"危机，在新自由主义政策下，金融资本迅速膨胀、金融非理性扩张、虚拟经济的扩张超出了实体经济的需要，直接导致发达经济体金融部门的爆炸式扩张、职能部门的金融化。此时，金融投资的增加和金融利润机会的增多促使资本倾向于金融投资而非生产投资，金融资本的非理性膨胀导致实体经济陷入债务型通货紧缩和长期衰退状态，破坏了实体经济的健康运行，导致经济的动荡和衰退。

一、金融资本与职能资本的合作与对抗：从黄金时代到金融化

金融资本与职能资本之间的关系一直是复杂的与动态变化的，在不同的历史阶段和历史条件下有不同的表现形式。一方面，金融资本来源于金融部门，其必须与职能资本竞争，以利息收入的形式分割剩余价值；另一方面，金融资本还来源于信用体系集中的社会资本，利息不只是借贷资本家对剩余价值分割的一部分，也是整个社会借款者包括非金融部门收入的一部分。在这一部分，依据美国的数据，对金融资本与职能资本在不同时期对立统一关系进行具体说明，由此分析20世纪70年代末非金融部门的金融化转型现实。[①]

第一，从1948年至20世纪70年代，依据经济现实，可以明确、显著地区分出职能资本阶级与金融资本阶级。首先，金融部门是流通中金融资本的主要来源。[②] 如图4-1（a）所示，在20世纪70年代以前，金融部门利息收入占经济总利息收入比重最高甚至达到4/5，并且始终远超出1/2；即使这一比重在70年代末开始出现波动，金融部门仍是经济总利息收入的主要来源，金融部门利息收入构成总利息收入的主要部分。其次，在这一时期，闲置资本并不构成金融资本的主体部分，非金融部

[①] 在此需要特别说明的是，关于确定20世纪70年代末至80年代为经济结构转变的起点，是综合当时发达资本主义国家政策的转变（如美国里根总统的当选和金融政策的改变）、政治形态的变化和经济状况的改变等因素来考察的。在这样的观察前提下进行假设，以1980年为经济结构的拐点来进行邹检验，可以得到资本主义的金融经济指标在1980年前后确实发生了结构性的转变。对于美国经济在1980年是否发生结构性转变，参见赵峰：《当代资本主义经济是否发生了金融化转型》，载于《经济学家》2010年第6期。

[②] 美国商务部经济分析局国民收入产出账户（NIPA）对金融部门（金融、保险、房地产金融等）和非金融部门的划分，定义广义利息收入 = 净利息 + 红利 + 资本所得，经济总利息收入 = 金融部门利息收入 + 非金融部门利息收入 + 家庭利息收入（Costas Lapavitsas, Iren Levina, "Financial Profit: Profit from Production and Profit upon Alienation", Discussion Papers, No. 24, 2011.）。依据前文分析，以利息为收入的即为金融资本，以企业利润为收入的即为产业资本。

第四章 当代资本主义金融化转型：资本主义生产的危机

门闲置资本并没有被充分动员，较少参与资本流通过程。如图4-1（b）所示，非金融部门利息收入在70年代末以前一直处于较低位水平，利息收入占非金融部门净增加值的比重在1948~1970年长期稳定地停留在10%以下，即使在70年代也没有达到20%。最后，在这一个阶段，职能资本与金融资本处于共同促进积累的相对和谐关系。如图4-1（c）所示，在70年代末以前，金融部门利息收入增长率围绕15%上下波动，保持相对稳定的增长速度。在资本主义黄金时期，金融资本家以金融部门为中介，向职能资本家提供金融资本并以利息的形式分割总利润以获取回报，职能资本家以企业利润的形式获得总利润的剩余部分，非金融部门年利润增长率虽然小幅波动，但基本保持平稳的增长趋势［见图4-1（d）］。

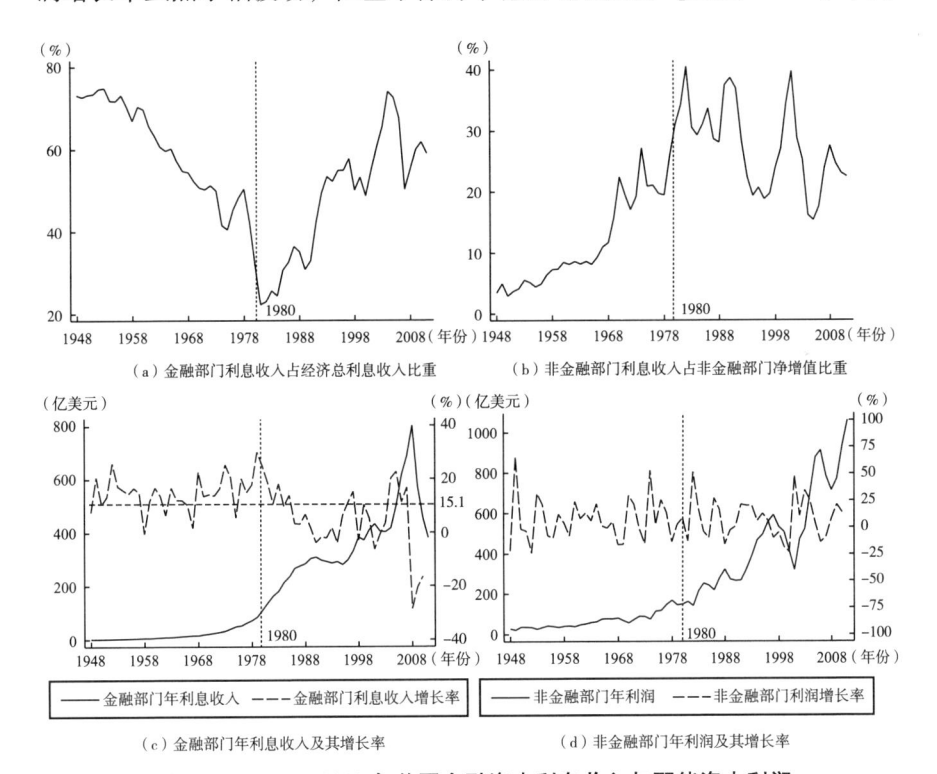

图4-1 1948~2010年美国金融资本利息收入与职能资本利润

注：为了更清晰地表明1948~2011年这一长时段的总体趋势，本书对金融部门2008年的年利润数据进行了异常值处理。

资料来源：http://www.bea.gov；http://www.federalreserve.gov/releases/h15/data.html，FRB_H15(1)。

马克思主义金融理论与当代实践

二战后 30 年间资本主义相对平稳的世界格局和经济增长，受益于凯恩斯主义的国家干预、科学技术领域的第二轮自动化浪潮等因素，美国经济相对快速发展；职能资本仍牢牢控制着局势，非金融巨型企业相对稳定，它们利用金融资本融资却不受其操控，金融资本与职能资本既表现出功能相对独立，又建立了共同促进积累的合作关系。① 在这个时期，利息收入可以作为识别相对独立存在的金融资本家阶级的直接依据，而阶级分析法为美国在二战后至 20 世纪 70 年代末金融部门和实体经济争夺剩余价值的反向变动关系提供了有力的解释框架。

20 世纪 70 年代美国实体经济的停滞，使得市场越来越多地依赖金融的增长以保持与扩大货币资本，伴随着对金融市场的宽松政策，大量经济剩余流入金融部门，金融部门以利息的形式分割了大量经济利润，逐渐繁荣和膨胀。由此，在与职能资本的竞争中，金融资本获得越来越多的自主性，对生产积累过程的控制力逐步增强，金融资本与职能资本的局势开始发生转变。

第二，20 世纪 70 年代资本主义经济"滞胀"，生产能力过剩、投资机会减少，生产领域中的停滞资本更多地转化为金融资本以寻求逐利机会，实体经济的萎靡导致金融资本与职能资本合作的基础瓦解；在之后的 30 多年间，新自由主义经济政策主导资本主义经济，金融宽松政策下金融资本迅速膨胀，控制生产过程进而支配资本主义积累过程，金融资本在表象上与非金融部门职能资本相互融合、辅助循环，实质上导致了非金融部门的金融化，实现了对经济过程的全面控制。在这 30 年间，首先，美国金融业繁荣扩张，金融部门日益膨胀。美国国民收入中，金融业所占比重从 1980 年的 7.5% 一路上升，到 2007 年达到高峰，接近 13%（见图 4－2），金融业成为美国最大、最核心的产业之一。其次，美国非金融部门持续金融化，发生金融化转型。非金融企业从产业生产渠道中获取利润日益困难，转而更多地将资本运用于金融投

---

① 保罗·巴兰、保罗·斯威奇：《垄断资本》，商务印书馆 1977 年版。

第四章　当代资本主义金融化转型：资本主义生产的危机

资中，企业资产中金融资产所占比重日益上涨：在美国非金融企业的总资产中，持有的金融资产的比重在1980年前后稳定在26%的水平，到2007年上升到接近总资产的一半（见图4-3）；同时，非金融企业中的金融资本盈利能力相较于职能资本显著提升，其利息收入占比随经济状况剧烈波动并快速上涨〔见图4-1（b）〕。最后，由于金融产品的复杂化和金融部门独立性的增强，金融资本对生产实现全面控制，金融主导下的资本主义经济呈现出更为强烈的不稳定性。① 相较于1980年之前，1980年之后经济中各部门的利润增长率、利息增长率等波动剧烈、频繁（见图4-1）。

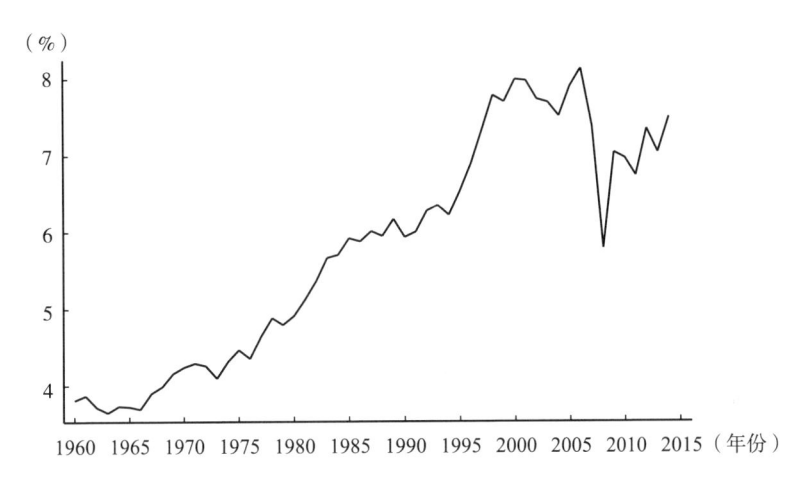

图4-2　1960~2015年美国金融部门占国民收入比重

注：为了更清晰地集中展现20世纪70年代后的经济情况，本书以1960年作为描述的起点。

资料来源：美国经济分析局。

在这个时期，已经无法依据利息收入形式来判断、识别相对独立的纯粹金融资本家阶级。一方面，成熟的动员社会闲置资本的信用体系被建立起来，由此在资本周转过程中，停滞货币系统地、源源不断地转变为金融资本；另一方面，职能资本家运营的金融资本占比增加，非金融

---

① 卡洛塔·佩雷丝：《技术革命与金融资本》，田方萌等译，中国人民大学出版社2007年版。

部门的金融业务日益增加，金融资本取得了控制生产的巨大权力和在经济中的主导地位。

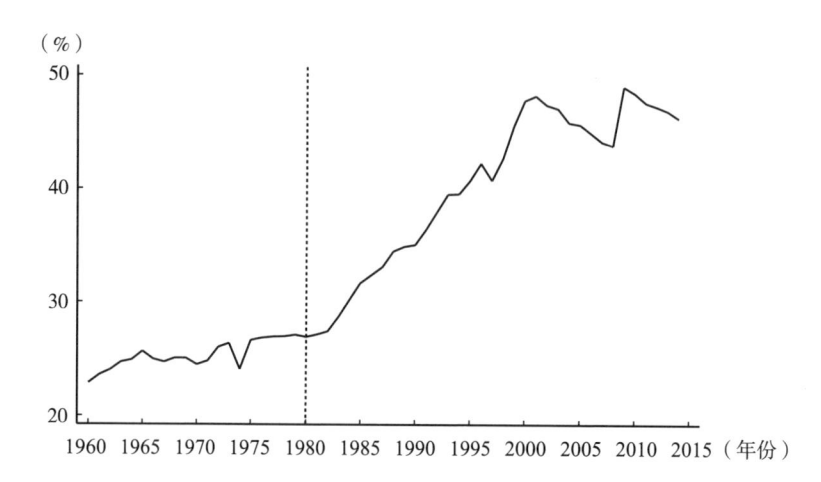

图 4-3　1960~2015 年美国非金融企业金融资产占总资产比重

注：为了更清晰地集中展现 20 世纪 70 年代后的经济情况，本书以 1960 年作为描述的起点。

资料来源：美国经济分析局。

本部分讨论金融资本自 20 世纪 70 年代后期以来在经济中的主导地位和对非金融部门的渗透，认为职能资本与金融资本的矛盾斗争和博弈是非金融部门金融化转型过程背后的动力，由此详细考察非金融部门金融化转型背后的资本逻辑。首先，在 70 年代末之前，职能资本主导资本主义积累过程，职能资本与金融资本处于相对和谐与相互配合的状态：金融资本的扩张与增长保持了相对稳定，以金融部门为中介，金融资本家借给职能资本家生息资本，以利息即利润的一部分获取回报，配合职能资本完成资本周转过程，保证黄金时期经济的稳定增长。其次，70 年代之后，金融资本对产业部门与职能资本的渗透与控制增加，在金融化条件下，与职能资本积累主导的情况不同，从职能资本循环周转中游离出的被金融信用系统聚集的货币资本，不一定会再次进入职能资本的循环中，游离出的货币资本和剩余会不断地被金融自身创造出的新的投资对象吸纳：一方面，非金融部门中金融资本比重明显增加，在金融部门稳定发展的同时，来自非金融部门的利息收入快速增长；另一方面，在信

第四章　当代资本主义金融化转型：资本主义生产的危机

用体系的作用下，非金融部门闲置资本被系统地转变为金融资本，社会经济部门中的金融资本快速膨胀，其对非金融部门生产过程的控制和权力增强，对职能资本的干预和渗透加剧。

由此，分析了资本主义金融化转型前，职能资本主导积累时职能资本与金融资本之间的竞争融合，以及转型后金融化条件下金融资本对职能资本的控制和对产业部门的渗透，金融的繁荣和非金融部门的金融化是建立在职能资本萎靡、现实资本不断转化为金融资本积累的基础之上的。

二、金融资本的掠夺：劳动力再生产过程的金融化

在金融化过程中，资本借助信用体系向工人家庭提供金融手段，以缓解劳动力再生产矛盾、扩张资本积累限度并持续加深工人家庭被剥削程度的过程，即劳动力再生产的金融化。金融活动并不创造剩余价值，通过促进产业资本循环、加快周转速度从而提高单位时间内生产的总剩余价值量并加速资本积累，由此获得分割总剩余价值的权利，即金融利润。金融利润分为利息、股息、分红等，一方面可能直接来源于对产业工人创造的新价值的分割，另一方面也来自通过金融信用系统对工人家庭未来价值的占有，其根本来源仍是工人创造的价值，本质是对工人创造的价值的多次掠夺。[1] 正如恩格斯所说，"劳动力出卖给资本家，而资本家利用这种交易，迫使工人生产出比购买劳动力所支付的价值多得多的价值。资本家与工人间的这种交易创造出随后以地租、商业利润、资本利息、捐税等等形式在各类亚种资本家及其仆人之间进行分配的全部剩余价值"[2]。

---

[1] 包括发达资本主义国家内部工人阶级创造的剩余价值，以及发展中国家工人阶级创造的被转移到发达资本主义国家的剩余价值。

[2]《马克思恩格斯选集》（第3卷），人民出版社2012年版，第202页。

关于劳动力再生产金融化的逻辑与形式，本书从三个方面来分析。一是金融化过程中，工人的工资"结余"或储蓄构成了金融资本的来源；二是金融领域构成了资本掠夺工人阶级的新领域和新阶段；三是伴随着劳动力再生产的金融化，资本一方面在金融领域对工人家庭进行直接的价值掠夺，另一方面在生产领域不断突破剩余价值生产的界限，资本积累的困境在一定时期内得到缓解。

（一）为确保劳动力再生产顺利完成的"闲置"资金构成了金融资本的来源

在成熟发达的信用金融体系基础上，形成了以借贷资本与虚拟资本为代表的金融资本，按照马克思在《资本论》中的分析，由信用体系集中的生产性闲置资本构成金融资本的组成部分。

而在金融化条件下，为保障劳动力再生产顺利完成，工人家庭的"闲置"资金等非当期消费基金成为金融资本的另一个直接来源。工人家庭的"闲置"资金来源于工资"结余"或储蓄，劳动力的再生产以维持劳动者本人及其家庭生活需要为条件，劳动力价值取决于生产劳动者及其家庭生活需要的生活资料的价值。工人为了购买昂贵的消费品而进行的货币储蓄，在一定程度上束缚了货币转变为资本，而当资本借助信用手段以保障获取社会中所有闲置资金时，许多消费基金的使用就被整合到生息资本的流通中了。[①] 换句话说，金融化过程中，在金融为劳动力再生产提供便利信用手段条件下，工人家庭为了保障消费、住房、教育、医疗、养老、保险等长期、持续的需求和大额支出，主动或强制性地将工资当期"结余"流入金融系统以防范劳动力再生产过程中的风险。而流入金融系统的工人家庭"闲置"资金，成为金融资本的一部分，但是对于工人家庭而言，其来源于工资"结余"的"闲置"资

[①] 大卫·哈维：《资本的限度》，张寅译，中信出版社2017年版，第369页。

第四章 当代资本主义金融化转型：资本主义生产的危机

金与资本不同，其目的是获得使用价值以保障劳动力再生产的顺利进行。

因此，一方面，在生产与流通领域中，金融资本与以产业资本和商业资本为代表的职能资本既相对独立又紧密联系；另一方面，在劳动力再生产的金融化过程中，伴随着对工人家庭价值的直接金融掠夺，资本不断突破商品生产与消费的界限，金融资本不断拓宽其增长的限度。

（二）金融领域构成了资本掠夺工人阶级的新途径和新阶段

在劳动力再生产的金融化过程中，资本攫取金融利润、对工人进行掠夺的程度加深、形式更加多样化，可以分为三个阶段。

第一，资本雇佣劳动并通过售卖商品占有工人剩余劳动从而获取利润的阶段，即劳动力转化为可变资本进入生产过程的阶段，此时金融资本对工人的掠夺是间接的，是通过与职能资本分割工人在生产过程中创造的剩余价值来进行的。但在生产过程中，资本家既需要节省用于可变资本的支出以提高剩余价值率，又需要通过强有力的经济依赖的纽带来控制劳动大军。而只有当工人完全依赖于资本家才能保持合理的生活水平时，资本家才能完全获得在工作地点支配劳动的权力，而金融化为资本家提供了一种新型的控制劳动力再生产过程的手段。

第二，工人家庭消费的金融化，即在金融化转型过程中，资本以房贷和消费信贷等手段向工人家庭提供信用从而对其进行剥夺，金融资本由此开始直接掠夺工人阶级未来创造的价值。此时，金融交易过程包括价值的预支与未来索取两方面，预支价值意味着让渡利润，未来价值指的是对未来价值的索取权。资本家一方面通过不断压低工人工资以提高剩余价值率，另一方面又需要创造广大工人家庭的"有效需求"来完成商品的售卖以获得剩余价值的实现。因此，资本家通过给工人家庭提供消费信用以满足劳动力再生产的需要，而伴随着工人家庭债务的增加，以广大工人家庭的债务为杠杆形成了房地产市场、抵押贷款、资产证券化、金融衍生品相互联动的金融链条。[①] 一旦实际可支配工资降低，工人家庭就被迫依赖于金融信用系统，从而实现了资本对工人的金融掠夺：在金融化过程中，依赖信贷维持生活、消费的工人家庭，工人货币收入的部分价值以利息形式被直接转移给信贷提供者，工人工资潜在地被再分配了，债务性消费实际上透支了工人未来再生产所需要的价值，即工资；在看似满足市场公平原则的金融交易中，工人家庭与资本实质上不可能处于公平、平等的地位。

第三，工人家庭储蓄的金融化，其工具就是基金、股票与保险，如共同基金、教育基金、养老基金、医疗保险等，此时，金融资本开始直接掠夺工人阶级的留存价值。一方面，发达资本主义经济部门可以通过保障性政策来扣留工人工资，并将其扣留部分转交给货币经理人来进行金融资本投资；另一方面，鼓励工人家庭购买公司股份，实际上使其实际可支配收入增长陷入长期停滞状态，因为尽管家庭持股比例有了很大提高，但通过扩大股票所有权来向工人家庭扩散财富的效果实际上非常有限。同时，工人家庭的储蓄并不同于资本，金融机构、资本参与金融循环的目的在于赚取更多利润，而工人家庭参与金融活动，其主要目的是获取使用价值，从而满足养育、教育后代和养老、医疗等基本生活需要，以维持劳动力的再生产；[②] 而与金融机构、大资本集团相比，工人家庭在信息获取、组织规模以及社会权力等方面存在系统性的差别，处于明显的劣势，金融机构和大资本集团能够轻易剥夺工人家庭的货币收入。因此，金融化致使工人家庭的储蓄极易受到金融市场变动与风险的影响而处于不稳定状态。储蓄的金融化进一步降低了工人可支配工资，进而加深了消费的金融化，基于这样的客观现实，工人家庭陷入依赖金融系统维持日常消费和储蓄的金融化与不稳定、愈加依赖金融系统以维持劳

---

① 迈克尔·赫德森：《从马克思到高盛：虚拟资本的幻想和产业的金融化（下）》，载于《国外理论动态》2010年第10期。
② 考斯达斯·拉帕维查斯：《金融化了的资本主义：危机和金融掠夺》，载于《政治经济学评论》2009年第1期。

第四章 当代资本主义金融化转型：资本主义生产的危机

动力再生产的恶性循环中。

（三）劳动力再生产的金融化扩大了剩余价值生产与资本积累的限度

资本积累的限制之一在于剩余价值的生产与实现，在资本主义的金融化过程中，劳动力再生产领域、金融领域、生产领域发生了系统性转型，资本在生产过程与劳动力再生产过程中获得了绝对权利，为扩大积累的限度创造了条件。

第一，劳动力再生产的金融化一方面有利于商品价值的实现，另一方面也为资本直接从劳动力再生产过程中掠夺价值创造了条件。在资本循环过程中，剩余价值由雇佣工人创造，金融化条件下，剩余价值能够顺利地在流通领域转化为货币形式的利润，被分割为商业资本和产业资本的企业利润以及金融资本获得的利息或金融利润，并进行积累；同时，由于劳动力再生产金融化形式的多样化，金融资本可以直接通过信用手段占有工人的未来价值，也可以通过吸纳工人工资"结余"或储蓄来实现积累。

第二，金融领域的创新，为劳动力再生产的金融化提供了手段。在以银行为核心的金融领域，在金融化转型过程中，银行从与非金融企业密切联系转向更多地为工人家庭提供金融服务，[1] 面向工人家庭的金融产品创新，为资本占有工人家庭创造的价值创造了条件；在围绕剩余价值日趋激烈的资本竞争中，金融资本找到工人家庭作为直接价值来源以实现价值增殖。

近年来，覆盖面广、普惠性强的数字金融在数字技术的加持下蓬勃发展，降低了劳动者获得信贷的门槛。在传统商业银行开始涉足互联网金融的同时，一些数字平台公司也纷纷成为数字金融服务的提供方，数

---

[1] 马慎萧：《资本主义金融化转型机制研究》，经济科学出版社2018年版，第103页。

字金融的发展使消费信贷的提供主体从一元占据转向多元并存。数字金融的出现总体上助长了劳动者信贷消费的倾向。一方面，数字金融放宽了工人家庭的流动性约束，使其能够透支一部分未来生产的价值；另一方面，数字金融比传统信贷门槛更低、操作更便捷，两方面机制的综合使劳动者家庭的消费水平在数字金融的影响下有所提高。[①] 数字金融产品直接与线上购物平台结合，更加便捷了劳动者通过信贷手段购买生活资料，劳动者在线上购物平台挑选到合适的商品后，可以在结算时选择分期付款或借贷，整个过程十分方便快捷。数字技术把虚拟的庞大商品堆积置于劳动者面前，同时又把现实的流动性约束抛向劳动者脑后，从两个环节刺激信贷消费、助长劳动力再生产的金融化。

第三，伴随着劳动力再生产的金融化，资本获得了在生产领域支配劳动力的绝对权力。可以发现，在金融化过程中，工人在生产领域被一次剥削剩余价值，被迫依赖金融系统后在金融领域进行劳动力再生产过程时被二次剥削，甚至透支未来购买生活消费资料的价值；同时，金融市场的风险与信息不对称也带来了工人家庭储蓄的不稳定性。在劳动力再生产的金融化过程中，工人更加依赖稳定收入以偿还债务、防范储蓄不稳定带来的风险，因而在围绕工资进行的劳资博弈过程中，资本可以进一步以"失业"为要挟降低工人工资，以金融为手段使工人完全依赖于资本家才能维持基本生活需要，资本家完全获得了在工作地点支配劳动力的权力，工人的处境更加弱势。

（四）金融化条件下劳动力再生产的稳定与不稳定：美国的现实

金融化表现为金融资本权力的增强和对各部门的渗透，金融资本不仅在时间和空间上对剩余价值的生产实现全面的、持续的、有效的控

[①] 易行健、周利：《数字普惠金融发展是否显著影响了居民消费——来自中国家庭的微观证据》，载于《金融研究》2018年第11期。

第四章　当代资本主义金融化转型：资本主义生产的危机

制，而且对劳动力的再生产过程进行了全方位的控制。工人及其家庭参与金融化的过程是被动的，是在企业部门和非金融部门的金融化转型过程中被强行纳入转型。一些后凯恩斯主义学者运用卡莱茨基增长理论或者哈罗德增长模型，以宏观经济运行为考察对象，讨论金融化过程中劳动力的供给对经济波动的影响。[①] 本部分以家庭部门为考察对象，其外生变量是企业和金融部门，其中间机制的衡量指标是家庭部门储蓄、负债水平、股票资产等金融变量；同时，本部分运用美国的数据探讨工人家庭的信贷消费是否可持续，分析工人家庭能否分享资本的金融利润。

第一，工人家庭的信贷消费是否可持续。与劳动力再生产金融化的阶段相对应，关于企业部门与金融部门对家庭部门金融化的驱动和产业资本对工人家庭金融化转型的挟制，主要从两个现实方面来考察：一是劳动份额与实际工资的下降；二是储蓄减少、债务支出增加以及信贷消费的不稳定。

首先，企业部门金融化增加了包括留存利润、分红和利息等在内的利润总份额，从而降低了劳动力价值份额，减少了支付给工人的实际工资，长期的收入停滞提高了家庭部门的信贷需求以满足劳动力的再生产和弥补收入的不足。工人工资收入来源于企业部门，企业部门金融化转型导致实际投资下降、经营利润下降，工人实际收入降低。如图 4 - 4 所示，工人工资收入占产业部门净增加值的比重自 20 世纪 70 年代开始在 30 年间逐步下降，从 70 年代的 63.5% 下降到 2014 年的 55.8%。随着限制工会以及工资上涨等多因素的推动，后福特制下以非稳定的雇员劳动合同为基础的工资关系逐步替代了福特制下以凯恩斯主义为基础的相互妥协的劳资关系，这些因素交织在一起，家庭部门的收入日益不稳定、负债日趋加剧。

[①] Eckhard Hein, *The Macroeconomics of Finance - dominated Capitalism and Its Crisis*, Northampton: Edward Elgar Publishing, 2012; Peter Skott, Soon Ryoo, "Macroeconomic Implications of Financialization", *Cambridge Journal of Economics*, Vol. 32, No. 6, 2008.

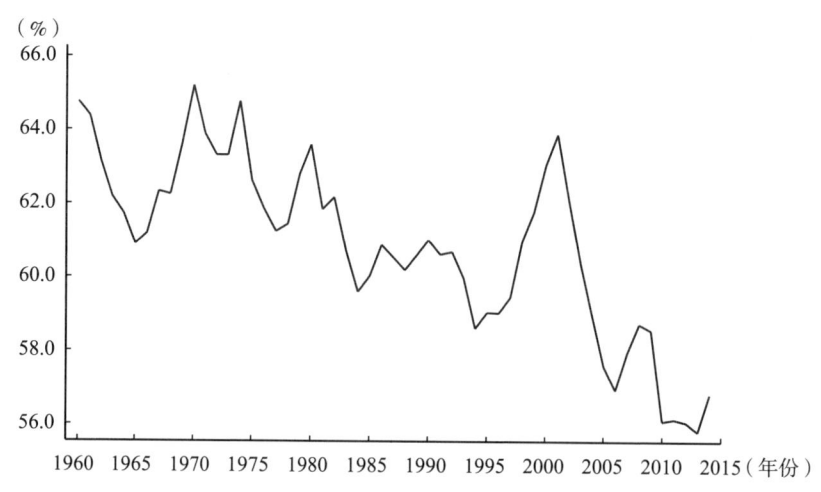

图 4-4 1960~2015 年美国工人工资收入占企业部门净增加值比重
资料来源：美国经济分析局。

其次，工人家庭实际工资下降带来的收入减少与储蓄减少，以及信贷消费的不稳定。金融化过程中企业部门的实际资本投资意愿下降会导致对工人的再分配减少，因此会对产能利用率以及资本积累率造成消极的影响，但是工人家庭能更多获得贷款用以消费，就能够补偿金融化的收缩效应，企业部门金融化带来了基于财富的消费（即财富效应）和负债消费等多种消费形式，有利于促进消费和经济，从而在一定程度上以重新分配、促进直接投资的方式弥补了金融化对总需求造成的负面影响。以此为目标，在美国实际经济过程中，自20世纪70年代末以来，为补偿实体经济金融化过程中的收缩效应，美国极力倡导消费主义意识形态，家庭部门的储蓄率从70年代末的10.6%下降到2007年的2.83%，在2008年国际金融危机后有所上升，但仍远低于70年代的水平（见图4-5）。

而在这种极力倡导的消费资本主义中，工人家庭的消费越来越依赖来源于金融部门的信贷消费，发生变化的金融法规、新的金融工具不断降低信用标准，使得低收入、低储蓄、低财产的家庭获得了超出其偿还能力的信贷。美国家庭部门的信贷消费占比自20世纪70年代开始保持在21%上下震荡，但进入90年代以后，信贷消费占比开始迅速上涨到2007年的27%（见图4-6）。但是，它也引发了家庭部门不断增加的债务负

第四章　当代资本主义金融化转型：资本主义生产的危机

担，可以看到，家庭部门债务利息支出占总支出的比重从70年代开始快速上升，在80年代中期达到6.7%以上，随后虽有下降，但是仍然基本维持在5.6%以上的较高水平，直到2008年国际金融危机的爆发（见图4-7）。这种愈加依赖于金融部门的信贷消费，在一定的时间内支撑了家庭部门的生存和企业部门的维持。但是，一方面，随着债务支出负担的增加，负债以维持的劳动力再生产过程不可持续；另一方面，伴随着金融部门风险的提高和危机的频发，工人家庭部门的运行从长期来看是极不稳定的。

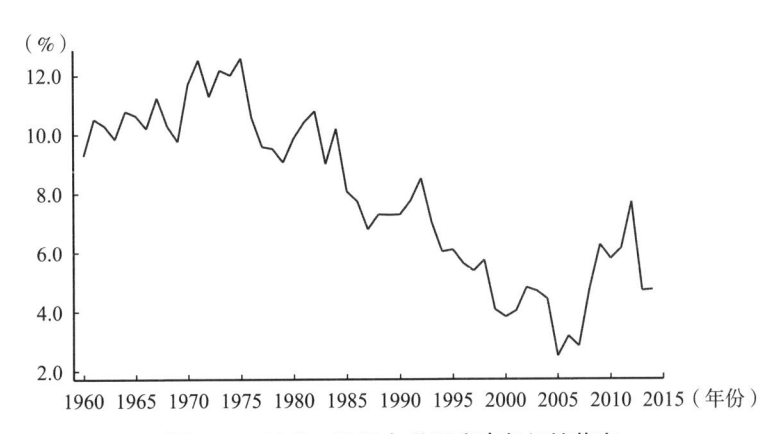

图4-5　1960~2015年美国家庭部门储蓄率

资料来源：美国经济分析局。

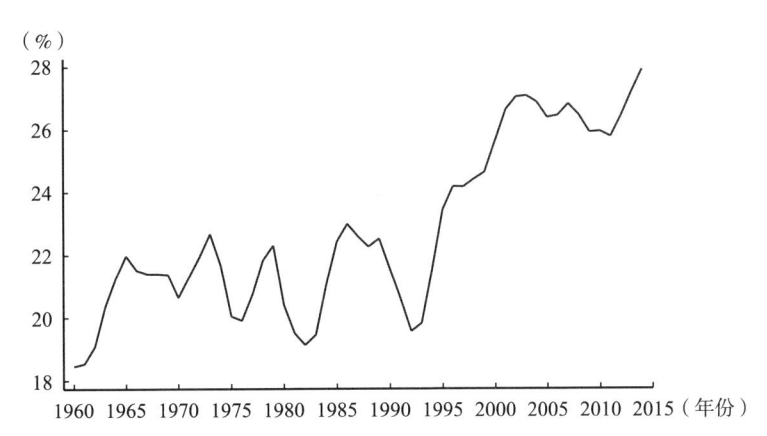

图4-6　1960~2015年美国家庭信贷消费占总消费的比重

资料来源：美国经济分析局。

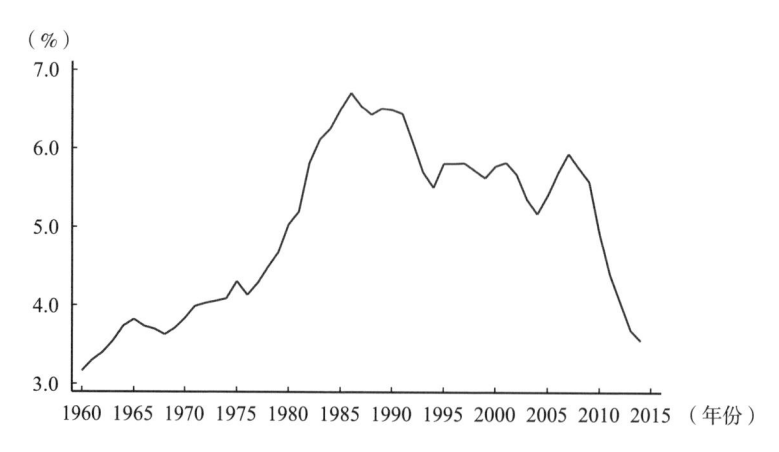

图 4-7　1960~2015 年美国家庭负债利息支出占总支出的比重
资料来源：美国经济分析局。

第二，工人家庭能否分享金融利润。工人家庭金融化的重要表现之一，即其财产性收入占比快速增加。在 20 世纪 60 年代和 70 年代，家庭财产性收入在 25% 的较低平均水平上下波动，而在 70 年代末至 80 年代末的金融化转型核心时间段，家庭财产性收入占比从 25% 快速上升到 30% 以上，随后在 1990 年和 2000 年后保持在 28% 的高水平，虽然在 2008 年国际金融危机后有所下降，但很快又恢复到 28% 左右（见图 4-8）。而企业部门将家庭部门纳入金融转型过程，最直接的金融手段是员工持股计划与持续增加的资本市场运作和交易，因而家庭部门财产性收入来源主要有两部分：一部分是持有的信贷资产所获得的利息收入；另一部分是持有的公司股份所获得的股息和红利。关于家庭部门资产结构变动情况，主要就其持有的信贷资产与股票资产进行描述和分析。

首先，家庭部门收入中财产性收入的比重自 20 世纪 70 年代以来呈快速上涨的趋势（见图 4-9），而其中利息收入与股息收入呈反向变动的趋势［见图 4-9（a）］。在 70 年代末，利息收入与股息收入占比基本相同，但随后在 80 年代利息收入占比开始大幅增加，从 1980 年的 13% 上涨到 80 年代末的 18% 以上，而股息收入占比下降到 11% 左右，这与金融部门自 1990 年的迅速扩张和企业部门的治理结构调整密切相关。

第四章 当代资本主义金融化转型：资本主义生产的危机

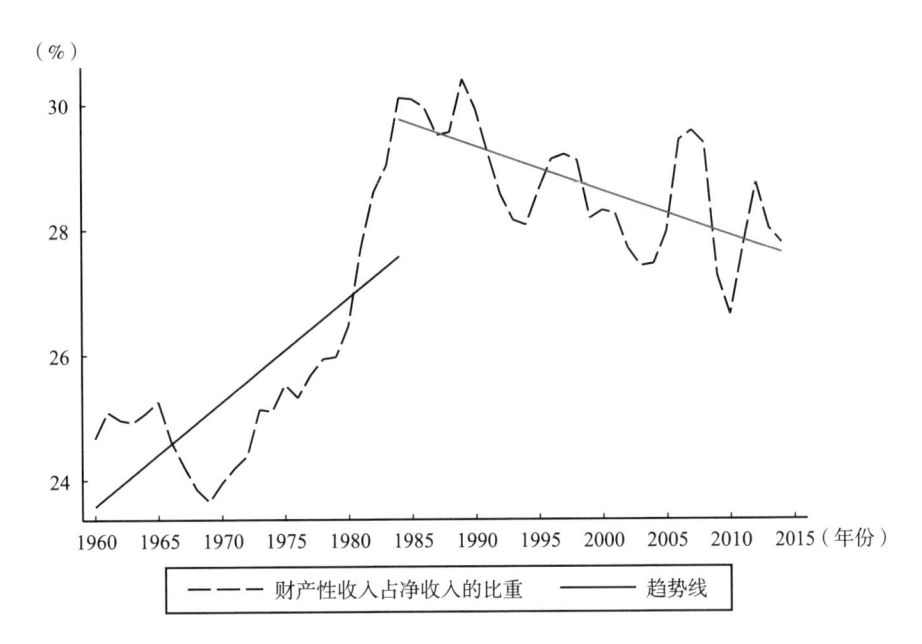

图 4-8 1960~2015 年美国家庭部门财产性收入占其净收入的比重
资料来源：美国经济分析局。

其次，由于家庭部门持有的股票资产远高于信贷资产，在收益水平相近的情况下，在相当长的一段时期内利息收益率水平远高于股息收益率水平［见图 4-9（b）］。① 而家庭部门持有的信贷资产与股票资产的比率自 20 世纪 70 年代末以来出现了两个高峰期，一个是在 1985~1990 年，另一个是在 2005~2009 年金融危机前［见图 4-9（c）］；但随着家庭部门信贷资产、金融资产持有量的增加，家庭部门的负债水平也在快速上升，从 1980 年的 19.69% 迅速上升到 2008 年的 30.99%，直到次贷危机后才有所下降，但整体水平仍保持在 20% 以上，远高于 80 年代之前的平均水平［见图 4-9（d）］。

最后，美国自 20 世纪 70 年代初开始陆续颁布和通过了多项鼓励和大力推行职工股份所有制的政策和法案，希望能够利用对企业提供

---

① 在逻辑直觉上是清晰明显的，家庭部门因为利息收益率远高于股息收益率，会更偏好持有信贷资产而非股票资产，因而对于企业部门的扩大与资本投资的作用是消极的。

免税优惠政策来促进"雇员股票拥有计划"的发展。虽然参与的公司和员工数据指标增长明确，但是雇员持股计划并没有改变资本主义私有制的本质，也没有改变绝大多数股权集中于少数资本家手中的现实，同时工人阶级由于持有股份而拥有一定的所谓资本权力，反而更容易接受有利于资本的收入分配方案。但是，由于工人家庭与金融机构之间的信息不对称、风险承担能力不对称，工人家庭既没有分享到所谓的"金融利润"、获得更大的购买力，在一定程度上反而加剧了收入不平等状况。

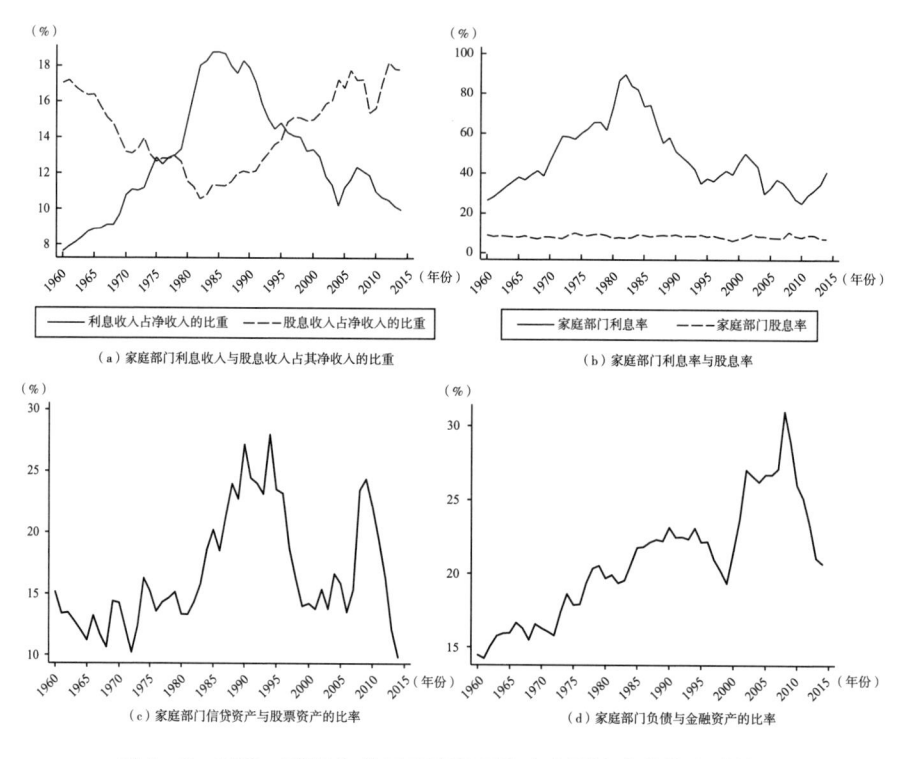

图 4-9　1960~2015 年美国家庭部门持有金融资产结构变动情况

注：（1）家庭部门利息率为其利息收入占信贷资产的比重，家庭部门信贷资产包括公开市场债券、国库券、市政债券、企业和机构债券等；家庭部门股息率为期股息红利收入占股票资产的比重，家庭部门股票资产包括公司股票、基金公分、货币市场基金股票等。

（2）家庭部门负债包括消费信贷、房贷及其他负债。

资料来源：美国经济分析局。

第四章 当代资本主义金融化转型：资本主义生产的危机

三、金融资本主导生产的不可逆：
危机后金融化趋势仍未改变

2008年国际金融危机对美国经济社会影响深远，危机充分暴露了过度依赖金融的美国经济的脆弱性，暴露了经济金融化的弊端。时至今日，危机已经过去十余年，美国历经奥巴马政府、特朗普政府、拜登政府，采取了系列政策举措以期摆脱金融化的泥淖，那么次贷危机后美国经济金融化趋势能否逆转？

第一，次贷危机后美国"再工业化"政策能否有效？——新型积累模式尚不可寻。20世纪金融资本的第二次崛起是从70年代末开始的，[①]金融资本势力逐渐增强，金融部门蓬勃发展，金融逐步超过实体经济在国民经济中占主导地位，美国经济增长表现为以金融资本为主导的积累模式。次贷危机爆发后，美国政府为了应对危机，一方面加强金融监管，另一方面则试图开辟新型积累模式以促进美国经济可持续发展，因此美国一边尝试"去金融化"，一边尝试推动制造业复兴计划即"再工业化"，试图重振制造业繁荣，寻找以工业化为动力的新型积累模式。

危机后美国政府在对金融企业进行救助以及对金融业进行监管的同时，也为一些"大而不能倒"濒临破产的非金融企业提供了大量救助，如2008年美国财政部设立不良资产救助计划（TARP），TARP计划有五项具体计划，其中就包括用大约820亿美元致力于稳定美国汽车业。[②] 同时，如表4-1所示，美国政府在2009年之后出台了大量的振兴工业的计划，旨在通过振兴制造业带动整体经济发展。可以看出，奥巴马政府再工业化战略分为两大阶段，恢复传统制造业和鼓励先进制造业并行。第一阶段是恢复传统制造业，通过减税等措施降低企业成本，加强基础设

[①] 热拉尔·迪梅尼尔、多米尼克·莱维：《新自由主义的危机》，商务印书馆2015年版。
[②] 美国财政部（https：//www.treasury.gov）。

施建设,创造更多的就业机会,稳定社会秩序;第二阶段是鼓励先进制造业发展,加强人才培养,鼓励创新引领,加强技术研发,开拓新兴产业和新能源领域,抢占新一轮工业制高点,确保美国的领导地位。特朗普政府上台后,继续实施再工业化战略,在2017年12月18日发布的新版《国家安全战略》中就提到了"减税""保护国家工业安全和创新基地""重建美国的基础设施"等进一步强化再工业化战略的举措;[1] 2018年10月5日白宫发布了四年一度的《美国先进制造业领导战略》,指出加强新技术开发和未来劳动力的培训,同时加强美国国内制造业供应链能力,推动智能创造,保持美国在先进制造业的领先地位。[2] 与奥巴马政府相似,特朗普政府的再工业化政策也是旨在促进制造业复苏,维持美国在全球工业顶端的领先地位,不同之处在于特朗普政府认为一些国家"抢走"了美国的制造能力和存在不公平贸易,主张通过种种贸易保护主义和霸凌主义的措施,让"美国制造业再次伟大"。[3] 同时,特朗普减税改革中,降低企业所得税税率旨在刺激企业加大投资,尤其是对实体经济的投资;降低海外利润汇回税也是希望资本回流,加大海外企业对国内实体的投资,促进美国再工业化战略。

表4-1　　　　　　　　2009年后美国"再工业化"政策尝试

时间	法案/政策	主要内容
2009年2月	《美国复苏与再投资法案》(ARRA)	尽快挽救现有工作并创造新工作岗位,其他目标是为受经济衰退影响严重的人提供临时救济计划,并投资于基础设施、教育、健康和可再生能源
2009年12月	《美国制造业振兴框架报告》	提出"制造业是美国国家经济的心脏"

---

[1] 美国白宫(https://www.whitehouse.gov/wp-content/uploads/2017/12/NSS-Final-12-18-2017-0905.pdf)。

[2] 美国白宫(https://www.whitehouse.gov/wp-content/uploads/2018/10/Advanced-Manufacturing-Strategic-Plan-2018.pdf)。

[3] 方兴起:《基于马克思产业资本理论解析美国去工业化与再工业化——观察当前中美贸易摩擦的新视角》,载于《学术研究》2019年第9期。

第四章 当代资本主义金融化转型：资本主义生产的危机

续表

时间	法案/政策	主要内容
2010年8月	《美国制造业促进法案》	主要通过关税及国内税收减免，降低制造业成本和保持稳定就业
2011年6月	美国先进制造业伙伴关系计划（AMP计划）	主要目标是把美国的产业界、学术界和联邦政府部门联系在一起，通过共同投资新兴技术来创造高水准的美国产品，使美国制造业赢得全球竞争优势
2012年2月	《先进制造业国家战略计划》	对美国发展先进制造业进行系统构思，将先进制造业提升为国家战略
2012年3月	国家制造业创新网络计划（NNMI计划）	出资10亿美元，支持创建15个国家制造业创新中心，建立起全国性产学研联合网络
2014年10月	《振兴美国先进制造业2.0版》	主要通过支持创新、加强人才引进和完善商业环境等方式，确保美国在先进制造业领域的全球主导地位
2017年12月	新版《国家安全战略》	"减税""保护国家工业安全和创新基地""重建美国的基础设施"等进一步强化再工业化战略的举措
2017年12月	《减税和就业法案》	1986年以来美国最大规模的税改法案，推动个人所得税、企业所得税及跨境所得税改革，致力于为美国打造"更有吸引力的商业环境"
2018年10月	《美国先进制造业领导战略》	加强新技术开发和未来劳动力的培训，同时加强美国国内制造业供应链能力，推动智能创造，保持美国在先进制造业的领先地位
2019年2月	《美国人工智能倡议》	出台维护美国人工智能领导力的行政令，部署和规划美国人工智能产业的发展，加强美国在人工智能领域的持续领导

危机后美国一直在探索寻找新型积累模式，两届政府奉行的再工业化战略是否能够促进制造业再次繁荣，从而找到比原有以金融资本为主导的积累模式更加持续的发展道路呢？

为回应这一问题，学术界进行了多种考察研究。部分学者详细考察了美国经济运行的相关指标，指出美国"再工业化"效果不佳，"再工业化"战略也不过是资本主义经济的被动修正。①

而从美国制造业当前的实际情况来看,危机后制造业的发展态势表明"再工业化"政策并没有奏效。如图4-10所示,从2008年一系列振兴工业化政策出台后,制造业净增加值占GDP比重不但没有上升,反而在2013年后持续下降,在2016年达到最低值。从ISM制造业指数来看,2019年12月美国ISM制造业指数仅有47.20,② 与2008年危机时期水平相当;从制造业就业人数来看,危机后制造业就业人数不断下降,2010年制造业就业人数为近十年最低,仅为1159.5万人,2019年美国制造业就业人数占总就业人数比例仅为8.46%,③ 这表明再工业化政策对缓解就业压力的效果并不大。并且,从图4-12可看出,2007~2019年美国制造业平均劳动生产率增速仅为0.4%,比2000~2007年4.4%的增速低了4%。反观金融业则在危机后快速恢复并且继续发展。从图4-11可以看出,2009年金融业净增加值占GDP比重就恢复到2007年水平,此后整体上呈现上升趋势,2016年金融业净增加值占GDP比重最高,达21.1%,对比2016年制造业净增加值占GDP比重最低,仅为11.2%,从2013年起金融业增长速度远远高于制造业发展速度,虚拟经济日渐膨胀而实体经济逐步萎缩。

事实上,危机后非金融企业部门资金并未回流制造业,反而在金融市场更加活跃。从非金融企业来看,美国通过一系列再工业化政策鼓励制造业回流,同时特朗普政府还配合减税等措施降低企业成本,旨在刺

---

① 王丽丽、赵勇:《理解美国再工业化战略——内涵、成效及动因》,载于《政治经济学评论》2015年第6期;陈江生、蔡和岑、张滔:《美国"再工业化"效果:评价与反思》,载于《理论视野》2016年第12期;张继彤、陈煜:《再工业化对美国制造业产出效率的影响研究》,载于《世界经济与政治论坛》2018年第3期;张福军:《再工业化暴露资本主义发展新困境》,载于《红旗文稿》2015年第6期;胡连生:《从"去工业化"到"再工业化"——兼论当代资本主义日渐衰微的历史趋势》,载于《理论探讨》2016年第12期;张晨、冯志轩:《再工业化,还是再金融化?——危机后美国经济复苏的实质与前景》,载于《政治经济学评论》2016年第6期;许平祥、周鑫:《再工业化,还是再金融化——基于美国经济"二元化"的视角》,载于《宏观经济管理》2018年第6期;苏立君:《逆全球化与美国"再工业化"的不可能性研究》,载于《经济学家》2017年第6期。

② 美国供应管理协会(https://www.instituteforsupplymanagement.org/index.cfm?SSO=1)。

③ 美国劳工统计局(https://www.bls.gov/data)。

第四章 当代资本主义金融化转型：资本主义生产的危机

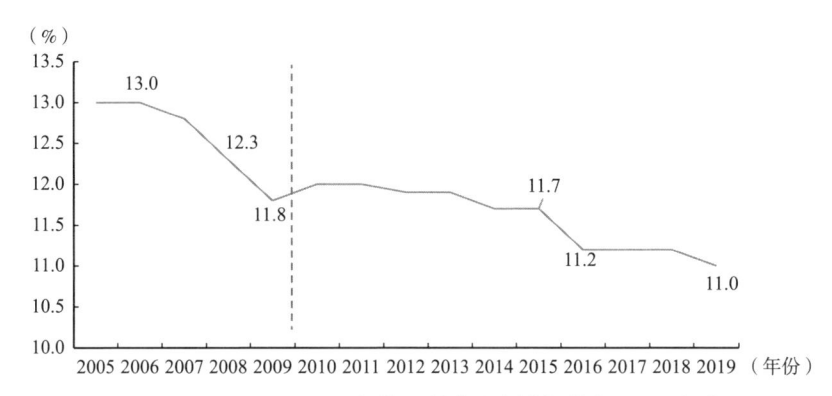

图 4-10 2005~2019 年美国制造业净增加值占 GDP 比重

资料来源：美国经济分析局。

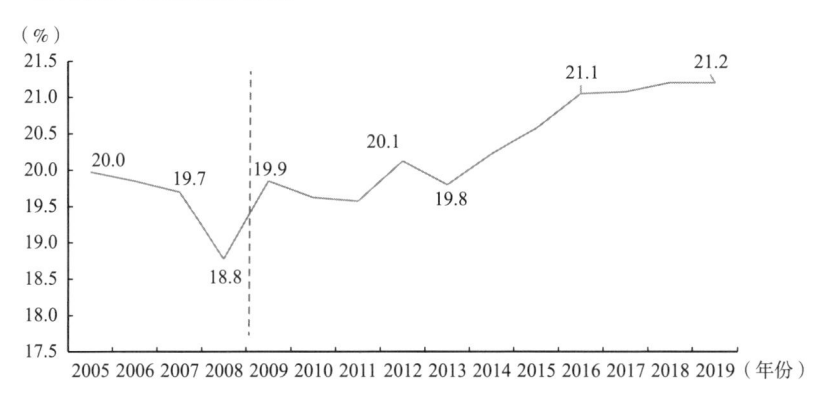

图 4-11 2005~2019 年美国 FIRE（金融、保险、房地产和租赁业）净增加值占 GDP 比重

资料来源：美国经济分析局。

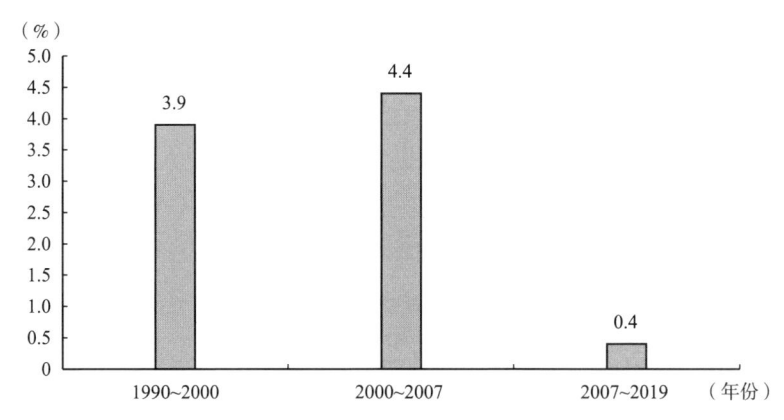

图 4-12 1990~2019 年美国制造业平均劳动生产率的变化

资料来源：美国劳工统计局。

马克思主义金融理论与当代实践

激企业加大投资,尤其是对实体经济的投资,并且降低海外利润汇回税,也是希望资本回流,加大海外企业对国内实体投资,但是危机后非金融企业依然加大金融投资,并没有将资本投入制造业,反而在金融市场更加活跃,"特朗普减税实质上是以新自由主义挽救新自由主义,减税在实践上并没有刺激实体投资,海外利润的汇回仍然流向金融市场,加剧了经济金融化"[①]。如图4-13所示,非金融企业的金融资产从2008年起就不断增加,2009年美国非金融企业金融资产占非金融资产的比例高达95%,此后一直保持在80%左右的水平,同时2008年后用于投资金融公司子公司的金融资产有所下降,但很快从2011年起就呈现直线上升趋势,2019年基本恢复到危机前的水平。从非金融企业负债方面来看,如图4-14所示,2008年起非金融企业总债务不断攀升,2019年总债务是2008年的2倍还多;总债务和债务中股票及投资基金份额走势大致相同,表明美国非金融企业在危机后依然加大了在金融市场中的活动,对金融领域的投资依然只增不减,再工业化以及减税政策均未能刺激非金融企业加大实体投资。

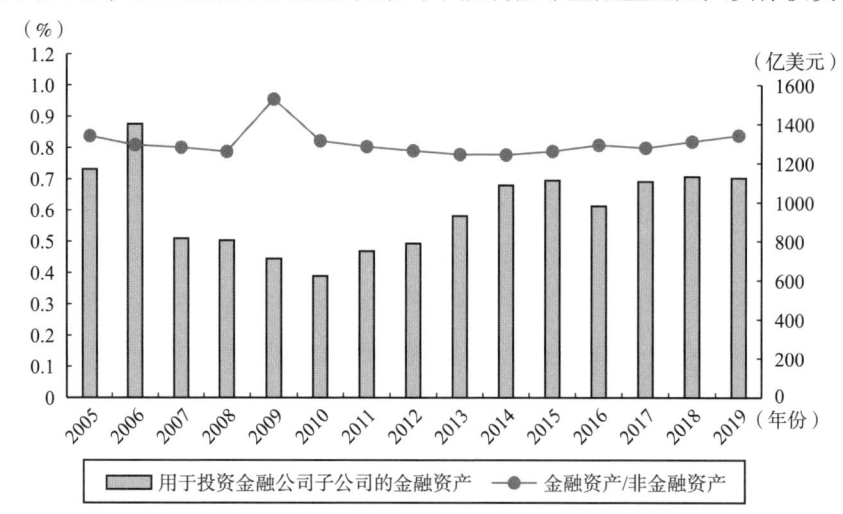

图4-13 2005~2019年美国非金融企业金融资产与非金融资产之比及用于投资金融公司子公司的金融资产

资料来源:美国经济分析局。

---

① 蔡万焕、张成:《特朗普减税:新自由主义的又一次实践》,载于《马克思主义与现实》2018年第5期。

第四章　当代资本主义金融化转型：资本主义生产的危机

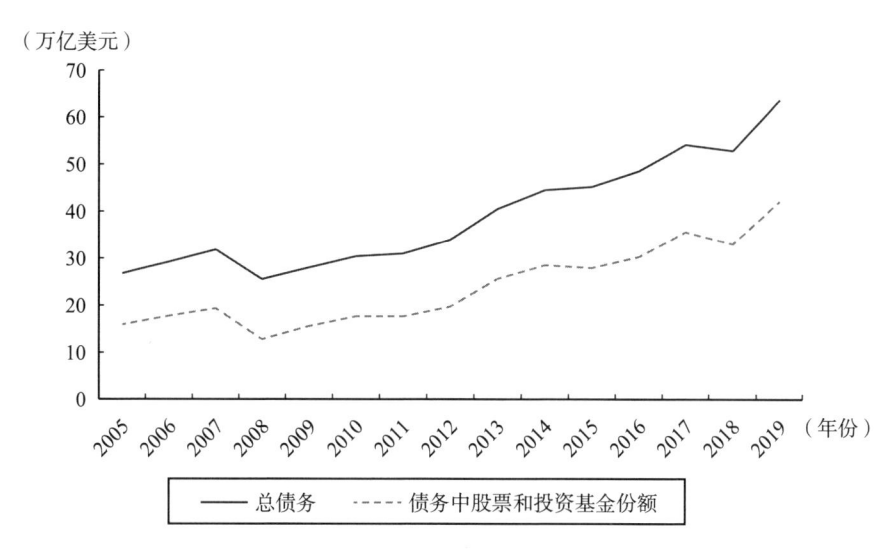

图 4-14　2005～2019 年美国非金融企业总债务及股票和投资基金债务
资料来源：美国经济分析局。

综上，危机后美国政府不管是对非金融企业的救助还是发布一系列再工业化政策，均未让制造业重新崛起，没有使实体经济焕发活力，因而危机后美国虽然进行了一系列尝试也尚未寻找到新型积累模式，美国继续通过不断强化金融化来恢复经济，这与 20 世纪 70 年代末用金融化缓解"滞胀"问题相似。福斯特和麦克切斯尼指出，当前资本主义统治阶级唯一能接受的克服危机的办法是经济重新金融化，金融扩张与膨胀成为资本主义体系主要的"修复手段"，但这丝毫不能解决资本主义经济的根本矛盾，将会酝酿更大的危机和长期慢性萧条。[①] 可见，危机后美国试图寻找一种以工业化为动力的新型资本主义积累模式，再工业化战略的设想是美好的，新型积累模式相对于通过金融渠道并非在直接生产过程中进行积累的金融资本为主导的积累模式更具有稳定性和可持续性，但从目前的现实来看新型积累模式的探索尚未成功，原有的积累模式依然坚固并且在危机后起着重要作用，金融资本势力依然强盛，金融化趋势

---

① 约翰·B. 福斯特、罗伯特·麦克切斯尼：《垄断金融资本、积累悖论与新自由主义本质》，载于《国外理论动态》2010 年第 1 期。

不可逆转。

第二，危机后金融监管政策为何仍然持续宽松？——新自由主义依然强势。2007年次贷危机的爆发，首先表现为美国华尔街股市的崩盘，美国金融业最先受到这场危机的冲击，为了控制危机进一步蔓延，美国政府首先对危机中受损严重的金融业进行了救助，2008年9月起先后宣布以优先股、认股权证为交换，向房利美和房地美、美国国际集团、花旗集团、美国银行等大型金融企业注资。同时，为了精准救助，2009年美国金融监管机构对风险加权资产在1000亿美元以上的19家主要银行进行了压力测试，进而判断银行的财务状况以确定注资对象。从美国金融部门净收入和金融资产数据来看，危机后美国金融业很快就呈现复苏状态。如图4-15所示，美国金融部门从2007年开始受到次贷危机的影响净收入下降，2008年净收入降为负值，但2009年金融部门净收入极速上升，比2005年净收入多47.6%，此后三年净收入均比危机前的净收入还高，2013年虽跌落至2007年左右的水平，但2014年起又很快回升，2019年美国金融部门的净收入高达2639亿美元。从图4-16可以看出，美国金融部门金融资产增长率在2007年出现明显下降趋势，但从2009年起金融资产持续增长，2019年美国金融部门金融资产比2005年增长了83.6%。由此可知，危机对美国金融部门造成的影响持续时间很短，危机后美国金融资本势力只增未减。美国政府对主要金融企业的救助使得金融业很快从萧条中走了出来，金融业就业人数不断增多，失业人数逐渐减少，2010年之后失业人数逐年下降，2019年失业人数降至23.6万人，比2010年失业人数减少了近63%；并且从2010年起美国金融业就业人数也逐年增加，2019年底就业人数高达881.4万人，比2010年增加了14.7%。[1] 2009年3月起美股再次焕发活力，美股指数不断攀升，2013年就恢复到危机前水平，2020年2月12日道琼斯指数收盘价达到历史最高水平29551.42，[2] 比危机时期增长了近312%，美国金融市场在危

---

[1] 美国劳工统计局（https://www.bls.gov/data）。
[2] 国泰君安数据库。

第四章 当代资本主义金融化转型：资本主义生产的危机

机后更加繁荣。

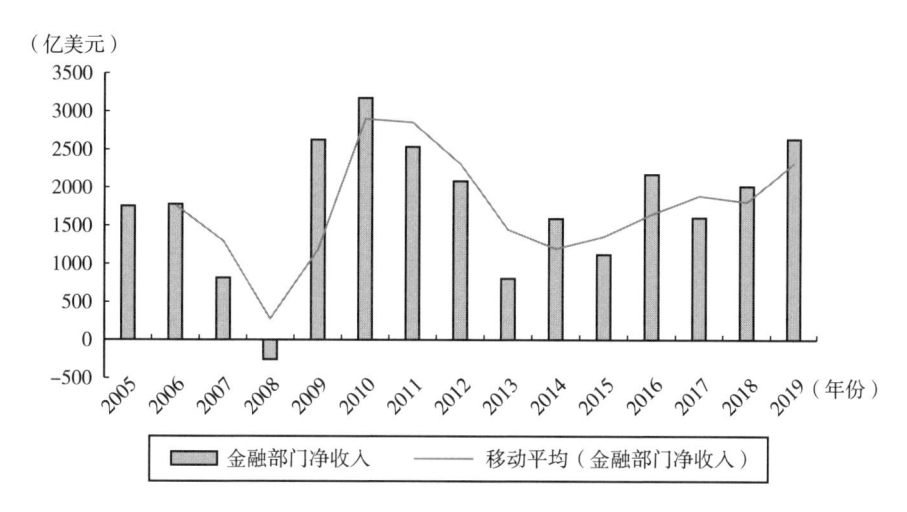

图 4-15 2005~2019 年美国金融部门净收入

资料来源：美国经济分析局。

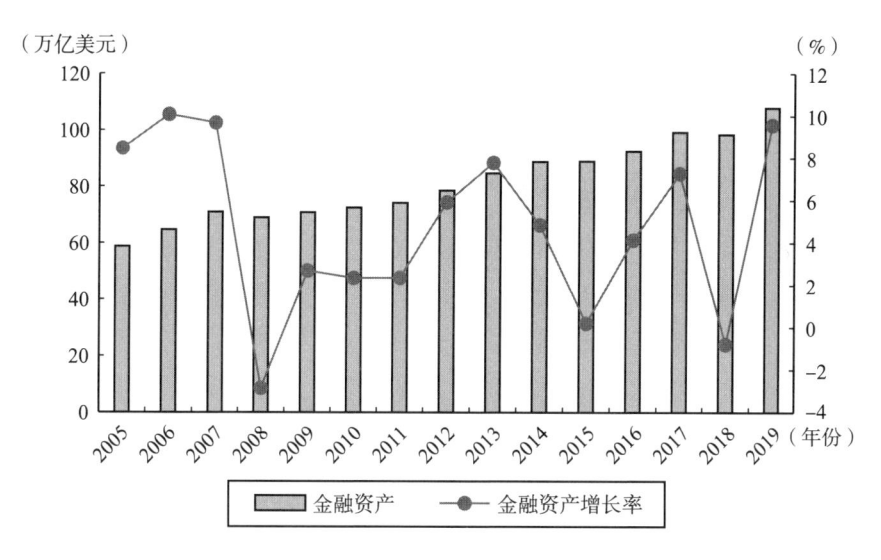

图 4-16 2005~2019 年美国金融部门金融资产及其增长率

资料来源：美国经济分析局。

从上述数据可知，危机对美国金融部门的影响持续时间很短，美国金融部门在经历了 2007~2009 年短暂的萧条后很快复苏，金融部门的金融资本数量逐年增加。危机后美国金融业为何能在短期内迅速恢复呢？

95

马克思主义金融理论与当代实践

一方面是由于危机爆发后奥巴马政府对金融业的大量救助,另一方面则是因为奥巴马政府试图加强金融监管但效果不佳,以及特朗普政府主张放松金融监管,这些都表明新自由主义在美国依然强势,美国经济金融化趋势进一步加深。特朗普政府不仅通过放松金融监管来鼓励金融发展,其实行的新型贸易保护主义政策实质上也为金融化的发展提供了有力的条件支撑。

综上可知,危机后美国政府一边试图加强金融监管,一边试图寻找新型积累模式替代原有的以金融资本为主导的积累模式,但一方面金融监管效果不佳,另一方面再工业化尝试效果也不佳。因而,美国只能继续选择原有积累模式发展经济,用金融医治金融危机依然是美国应对危机的根本方式,特朗普上台后更加强调放松金融监管,美国新自由主义依然强势,金融化趋势不可逆转,同时新型贸易保护主义也为金融化的发展提供了良好条件。

第三,新矛盾新变化是否预示金融化趋势逆转的可能?——劳资矛盾持续加剧。资本主义积累的绝对的一般的规律是财富在一端积累,贫困在另一端积累,以金融资本为主导的资本主义积累模式一方面加快了财富在资本家手中的积累,另一方面也造成了工人阶级更加贫困,雇佣劳动对资本的隶属程度加深。金融化的快速发展使得劳资矛盾不断加剧,加剧了贫富差距,2008年国际金融危机更加暴露了劳资矛盾冲突,进一步激化了资本主义基本矛盾。

如前文所提到的,其一,美国家庭部门逐渐卷入金融化进程,不稳定性增强,尤其在全球危机背景下,普通工人在金融化进程中的被掠夺程度加深。[①] 2008年这场金融危机给资本主义国家普通工人带来了沉重的打击。如表4-2所示,危机后主要资本主义国家失业率急剧上升,美国失业率从2017年起才恢复到危机前的水平,欧元区至今失业率还是高居不下,日本失业率在2014年降到4%以下,相比欧元区和美国失业率处

[①] 马慎萧:《劳动力再生产的金融化——资本的金融掠夺》,载于《政治经济学评论》2019年第2期。

第四章 当代资本主义金融化转型：资本主义生产的危机

在较低的水平。危机下的高失业率使得不少普通工人失去工作或者工资下降，生活水平逐渐下降。美国1993～2001年平均贫困率达11%，2008年贫困率为13.2%，至2012年11月贫困率达到16%，约超过4360万、近15%的美国人陷入贫困，其中包括20%的儿童。[1] 在宏观经济层面，金融投机的增加导致了更大的不稳定和不平等，同时这种宏观经济的不稳定性和不平等性也加大了剥削率。[2]

表4-2　　2008年国际金融危机前后发达资本主义国家失业率　　单位：%

地区	2005年	2006年	2007年	2008年	2009年	2010年	2011年	2012年	2013年	2014年	2015年	2016年	2017年	2018年	2019年	2020年
美国	5.1	4.6	4.6	5.8	9.3	9.6	8.9	8.1	7.4	6.2	5.3	4.9	4.4	3.9	3.7	8.1
欧元区	9.1	8.4	7.5	7.6	9.6	10.2	10.2	11.4	12.0	11.6	10.9	10.0	9.1	8.2	7.6	7.7
日本	4.4	4.1	3.9	4.0	5.1	5.1	4.6	4.3	4.0	3.6	3.4	3.1	2.8	2.4	2.3	2.7

资料来源：美国劳工统计局、欧盟统计局和日本总务省。

其二，金融化快速发展导致美国贫富差距不断扩大。海因认为，金融化和新自由主义主要通过经济部门结构的变化、高管薪酬的增加和食利者阶层利益要求的增加以及由此导致的日常管理费用增加、工会议价能力下降三种渠道使得劳动收入比重下降。[3] 一方面，金融化条件下工人家庭处于极不稳定的状态；另一方面，危机后美国金融业很快恢复，金融精英的工资没有下降。2011年美国年收入最高的3位对冲基金经理分别收入39亿、25亿和21亿美元，与2013年美国最顶层5位CEO的年收入7840万、3430万、2610万、2540万和2530万美元相比都高到了一定程度，[4] 并且"超级经理人"即大公司高管的出现更加剧了美国社会的不

---

[1] 菲利普·科特勒：《直面资本主义：困境与出路》，机械工业出版社2016年版，第23页。

[2] Hans Despain, "Sweezyian Financial Instability Hypothesis—Monopoly Capital, Inflation, Financialization, Inequality and Endless Stagnation", *International Critical Thought*, Vol.5, No.1, 2015.

[3] 埃克哈德·海因：《金融主导的资本主义和收入再分配——基于卡莱茨基模式的视角》，载于《国外理论动态》2015年第12期。

[4] 菲利普·科特勒：《直面资本主义：困境与出路》，机械工业出版社2016年版，第33页。

平等程度。皮凯蒂的数据分析表示，在许多美国大公司里远不止5位高管位列前1%人群（2010年他们收入高于32.5万美元）以及前0.1%人群（年收入高于150万美元），在超高收入群体中即0.1%人群中金融行业从业者约占20%。[①] 一方面，2008年国际金融危机后家庭部门被迫卷入金融化进程中加大了资本对普通工人家庭的剥削程度，普通工人家庭生活质量没有得到改善，普通工人更需要不断出卖劳动力来维持基本生活；但另一方面，金融精英依然占有大量财富。总之，金融化通过降低工人议价能力、提升食利者和管理层收入水平、增强消费信贷等多种手段，扩大了美国贫富差距。

其三，危机后资本主义福利制度改革使得普通工人家庭"雪上加霜"。危机后资本主义国家赤字和债务不断增加，削减社会福利成为许多资本主义国家应对危机的对策，如欧洲各国由于欧债危机的深化不得不削减原来的高水平福利，以减轻财政压力。美国相对于欧洲国家福利水平比较低，在2008年国际金融危机爆发后美国并没有立刻削减福利，反而采取了减税、推进医疗保险改革等举措，但庞大的经济复苏及救助计划使得政府财政负担不断加重，也不得不开始削减福利开支以减少政府开支。本来普通民众就在危机中受到了较大影响，大批工人失业、实际生活水平降低，削减福利支出对于他们来说无疑是雪上加霜，因此在福利改革的同时也引发了工人罢工运动。民众之所以会有如此强烈的反应，一方面是由于工人失业、实际工资降低、福利减少；另一方面是因为政府在应对危机时对金融危机的罪魁祸首——垄断金融资本不仅没有管制，反而以增加债务、削减开支的方式斥巨资加以救助。同时，还需要明确福利制度只是资本主义分配方式的调整，它只能在短期内缓解矛盾，并没有改变资本剥削劳动的资本主义生产关系实质，不能从根本上解决劳资矛盾，危机后劳资矛盾更加突出，资本主义基本矛盾加剧。

综上，通过对危机后美国政府的系列"再工业化"政策、新自由

[①] 托马斯·皮凯蒂：《21世纪资本论》，中信出版社2014年版，第307、308页。

第四章　当代资本主义金融化转型：资本主义生产的危机

义持续强劲的势头、新形势下美国经济的新矛盾与新变化的考察，可以得出结论：危机后美国经济金融化趋势尚未逆转，金融资本依然强势，试图寻找以工业化为动力的积累模式尚未成功，原有的以金融资本为主导的资本主义积累模式依然稳定发挥作用。但是，金融主导资本积累结构下的经济又是不稳定的，金融刺激政策下的金融泡沫会再次破裂，并可能造成更为沉重的金融经济危机。经济金融化，它的出现是为了缓解资本主义基本矛盾，给工人大量提供金融手段以缓解生产过剩、有效需求不足等问题，可是，金融手段只是暂解燃眉之急，金融化加剧了劳资矛盾，扩大了贫富差距，事实上给工人家庭带来极大的风险。2008 年国际金融危机是资本主义金融化转型后经济系统，尤其是银行金融系统存在的问题和风险直接造成的，而这种灾难性的后果是由无数普通工人家庭承担的。而当代资本主义就陷入了这样一种两难困境：资本逐利要求金融化，可是金融化会带来动荡与危机。金融化看上去是在以美国为核心的当代资本主义体系中金融资本控制经济的一种形式，但是其两难局面也恰恰说明，资本主义没有办法通过金融化等调节方式来克服其内在矛盾与危机。事实上，金融主导型积累结构以其不稳定的特征，稳定地主导着资本主义经济各部门。而 2008 年国际金融危机的发生是金融主导型资本积累机构内在不稳定性与货币金融蕴藏的根本矛盾的爆发，但这依然是金融主导的资本积累结构的内生矛盾与危机，新自由主义和金融化是货币资本与职能资本共谋的产物，因此企图利用产业资本压制金融资本的政策设想，没有触及资本危机的根源，不可能根治当前的金融危机。因此，资本主义经济金融化发展的趋势将是稳定与矛盾并存，资本主义金融化转型后，即使在危机频发的状况下，金融主导的资本积累结构依然是稳定的。在 2008 年国际金融危机之后，资本主义依然无法解决产能过剩与生产停滞的状况，只有以金融化政策来刺激积累过程，只有依赖金融主导的积累体制来完成经济的恢复。持续金融化以换取经济恢复与增长无非饮鸩止渴。

第五章 Chapter 5

中国特色社会主义金融实践：
金融服务于实体经济发展

深刻认识马克思主义金融理论的中国化时代化发展，要把金融为实体经济服务作为出发点和落脚点。党的十八大以来，习近平总书记多次强调振兴实体经济的重要意义，指出实体经济"是我国经济发展、我们在国际经济竞争中赢得主动的根基"[1]。"建设现代化经济体系，必须把发展经济的着力点放在实体经济上"[2]，要坚持把金融服务实体经济作为根本宗旨。近年来，随着我国经济循环格局的深度调整，在实体经济结构性供需失衡、盈利能力下降的情况下，大量资金流向虚拟经济，在金融体系内部自我循环，使资产泡沫膨胀，"脱实向虚"金融风险逐步显现。[3] 由此引发了我国学者对于经济"脱实向虚"的广泛关注与讨论。

但问题在于，"实体经济""虚拟经济""脱实向虚"并非传统经济学教科书中的概念，也非马克思主义理论体系中的范畴。对于何为实体

---

[1] 中共中央文献研究室：《习近平关于社会主义经济建设论述摘编》，中央文献出版社2017年版，第116页。

[2] 习近平：《决胜全面建成小康社会 夺取新时代中国特色社会主义伟大胜利——在中国共产党第十九次全国代表大会上的报告》，人民出版社2017年版，第30页。

[3] 中共中央文献研究室：《习近平关于社会主义经济建设论述摘编》，中央文献出版社2017年版，第114页。

第五章　中国特色社会主义金融实践：金融服务于实体经济发展

经济、虚拟经济以及"脱实向虚"，学术界观点不一。许多学者借鉴延续对金融化现象的分析思路，将资本或经济"脱实向虚"作为金融化的结果或是等同于金融化，从金融化角度对经济"脱实向虚"的动机及原因加以论证。但这部分研究多存在两方面问题。其一，涉及对我国经济"脱实向虚"动机及原因的检验，实际将"脱实向虚"这一极端现象作为研究基础，但存在经济"脱实向虚"潜在压力和经济"脱实向虚"是两种情况。因此，在未对经济是否"脱实向虚"作出准确判断前，直接将动机或机制作为研究切口，其合理性有待商榷。其二，"脱实向虚"作为我国社会主义市场经济发展过程中可能出现的宏观现象，是否具有资本主义国家金融化现象的必然性、内生性，也不能简单地盖棺定论。"脱实向虚"并非"金融霸权"的复辟，也不是新自由主义重构的结果。虽然其与金融化现象存在相似性，但由于两者提出的经济制度基础存在差异，对其的分析也不能简单复制金融化的研究思路，否则就会落入对我国经济是否"脱实向虚"这一问题下简单论断的窠臼之中。

对于"实体经济""虚拟经济"这两个范畴的理解，可以追溯到马克思在《资本论》中的有关论述。

首先，虚拟经济的概念由马克思提出的"虚拟资本"衍生而来。马克思在揭示生息资本实质的基础上，结合信用制度的发展，论述了作为其派生形式的虚拟资本，指出"人们把虚拟资本的形成叫做资本化。人们把每一个有规则的会反复取得的收入按平均利息率来计算，把它算做是按这个利息率贷出的一个资本会提供的收益，这样就把这个收入资本化了"[1]。收入的资本化转化为带来一定量利息的所有权证书，代表着一定量资本。这种所有权证书不是现实的资本，"是一种纯粹幻想的观念"[2]，但它能当作一定量资本发生作用，带来一定的利息，所以它成为虚拟资本。此时，生息资本起源的痕迹被掩盖，"和资本的现实增殖过程

---

[1] 《马克思恩格斯文集》（第7卷），人民出版社2009年版，第528~529页。
[2] 《马克思恩格斯文集》（第7卷），人民出版社2009年版，第526页。

的一切联系就彻底消灭干净了"①。虚拟资本本身没有价值,虽然其代表着索取定期收入的权利证书或现实资本的纸制复本,但"它们所代表的资本的货币价值也完全是虚拟的"②,是虚拟的资本价值。换言之,虚拟资本所具有的资本价值始终只是收益资本化的表现,"也就是一个幻想资本按现有利息率计算可得的收益"③。由于虚拟资本没有实际价值和生产成本作为参照,因此虚拟资本市场价值有独立于现实资本④的独特运动和决定方法,可以根据自身有权索取的收益大小及可靠程度而改变,从而具有一定投机性。

因此,虚拟经济就是与虚拟资本运动相关的,以信用体系为主要依托并按照独特的运动规律获取收益的经济活动。用马克思虚拟资本运动公式表示就是 $G - G'$。虚拟经济主要包括金融和房地产行业,而虚拟经济的产品就是各种金融工具,包括银行信贷(如期票和汇票)和有价证券(如股票和债券、产权凭证及各种金融衍生品等)。这些虚拟资本积累的增加并不完全代表社会财富的增长,其运动也不能直接创造价值。

其次,在虚拟经济的这种定义上,那些以商品和服务的生产、流通等循环为中介的价值增殖活动,我们可称为实体经济。用马克思的资本价值运动理论来解释,就应该是产业资本的循环运动过程,用循环公式表示,就是 $G - W - P - W' - G'$。在实体经济活动中,通过生产过程、消耗中间投入品,来制造商品、服务等社会真实财富,满足社会需要。在实体经济中,资本必须经过"交换—生产—流通"这一过程才能产生利润,但在虚拟经济活动中,资本不需要通过这一循环就可以获得利润。

在这样的定义下,同样一个部门或者服务活动,就可以因其资本循环方式不同,而是不同性质的经济活动。比如,买房自住、经营商铺等这样的活动,属于实体经济活动;而如果买卖房地产的目的不是为了使

---

① 《马克思恩格斯文集》(第7卷),人民出版社2009年版,第529页。
② 《马克思恩格斯文集》(第7卷),人民出版社2009年版,第532页。
③ 《马克思恩格斯文集》(第7卷),人民出版社2009年版,第535页。
④ 现实资本即生产资本和商品资本的积累的规模[《马克思恩格斯文集》(第7卷),人民出版社2009年版,第567页]。

第五章　中国特色社会主义金融实践：金融服务于实体经济发展

用，而只是为了炒作其产权及金融衍生品获得收益，那么这种活动就属于虚拟经济的范畴。这同样也适用于对于依托互联网、信息技术的经济活动的分析：如果信息技术运用于服务生产、流通过程，就是实体经济活动，如电子商务、互联网医疗等；如果运用于加快虚拟资本短期买卖，如信息技术助力各种复杂金融衍生品的创新、高频交易，就是虚拟经济的范畴。

一、经济"脱实向虚"问题的研究视角

国内学术界对于"脱实向虚"的认识发展大致经历了三个阶段：第一个阶段是亚洲金融危机爆发后，虚拟经济的概念被提出，由此引发了对于虚拟经济和实体经济内涵的广泛探讨；第二个阶段始于党的十六大报告首次强调协调实体经济和虚拟经济关系的重要性，基于二者关系的探讨不断被纳入研究框架中；第三个阶段研究的转向则源于2008年国际金融危机的爆发，针对经济"脱实向虚"的内涵、动机以及我国经济是否"脱实向虚"的议题由此备受关注。

（一）经济"脱实向虚"内涵的三种界定视角

"脱实向虚"作为我国在经济探索中创造出的重要术语，国内学者对其内涵的探究更多是借鉴延续对金融化现象的分析思路，将经济"脱实向虚"作为金融化的结果，进行马克思主义视角直接界定的研究则相对较少。概括来说，我国学者主要从金融化结果论、虚拟经济膨胀论、积累模式转变论三个视角，对"脱实向虚"的含义展开了研究。

第一，将经济"脱实向虚"作为过度金融化的结果，借用金融化的内在逻辑理解"脱实向虚"的内涵和发展趋势。朱东波和任力基于资本循环理论指出，经济"脱实向虚"实际是过度金融化导致的结果。高回报率引发大量资本滞留于不创造价值的虚拟经济内部循环，在与实体经济争夺资本的同时表现出独立的运行规律，导致实体经济生产萎缩。换言之,"脱实向虚"就是资本从生产领域向流通领域转移,并不断进行"自我循环"的过程。① 彭超俞和黄志刚指出,在微观层面上,"脱实向虚"即为实体企业的过度金融化,表现为实体企业在金融资产投资与生产性投资上的增减变化,金融资产配置在其经济活动中的比重日益呈现上升趋势;而在宏观层面上,则表现为资金滞留于虚拟经济内部"空转",导致实体经济有效投资不足。② 类似地,张成思和张步昙也认为企业金融化是经济"脱实向虚"的最重要方式,是实体经济企业对于金融获利渠道依赖性的增强,并将其作为主要盈利模式的积累路径转变。③ 王国刚指出,"脱实向虚"是经济金融化进程中所出现的现象,是大量货币资金出于对高利润率和流动性的追求,脱离实体经济的生产领域,而滞留于金融体系内部寻求快速增殖,由此引发金融部门"投机热"和实体经济部门"资金荒"矛盾深化。④ 同样地,李连波基于金融化视角对虚拟经济脱离实体经济而过度发展的现象进行了探讨,认为"脱实向虚"是资本自主化运动的必然结果,表现为资本日益摆脱物质的束缚,以金融方式占有收入。⑤

第二,从虚拟经济膨胀视角来阐释"脱实向虚"的内涵。这一视角强调了虚拟经济独立性日趋增强这一现实,认为"脱实向虚"的背后彰显的是虚拟经济日益脱离生产领域而独立增殖的逻辑。李晓西和杨琳指出,"脱实向虚"是资本在虚拟经济部门高收益的驱使下,大量逗留其中而寻求投机性增殖,导致虚拟经济在膨胀式发展的同时独立性日趋增强,进而引发经济泡沫的现象。⑥ 同样地,许均华和高翔指出,"脱实向虚"

---

① 朱东波、任力:《"金融化"的马克思主义经济学研究》,载于《经济学家》2017年第12期。
② 彭俞超、黄志刚:《经济"脱实向虚"的成因与治理:理解十九大金融体制改革》,载于《世界经济》2018年第9期。
③ 张成思、张步昙:《中国实业投资率下降之谜:经济金融化视角》,载于《经济研究》2016年第12期。
④ 王国刚:《金融脱实向虚的内在机理和供给侧结构性改革的深化》,载于《中国工业经济》2018年第7期。
⑤ 李连波:《虚拟经济背离与回归实体经济的政治经济学分析》,载于《马克思主义研究》2020年第3期。
⑥ 李晓西、杨琳:《虚拟经济、泡沫经济与实体经济》,载于《财贸经济》2000年第6期。

第五章　中国特色社会主义金融实践：金融服务于实体经济发展

的内涵是虚拟经济脱离实体经济而自我循环的规模日趋扩大，内部循环运动的相对独立性日益增强。[①] 刘志彪认为，"脱实向虚"就是虚拟经济偏离服务实体经济发展的初衷，陷入"自我发展、自我循环、自我膨胀"的增殖模式，从而弱化自身对于实体经济的服务角色，抑制实体经济的转型升级。[②] 此外，苏治等也认为"脱实向虚"是虚拟经济日益凸显其虚拟性、复杂性、投机性，诱发资本从生产性职能向非生产性职能转变，从而不断扩大其自我循环的规模与范围。[③]

第三，从积累模式及利润获取渠道转变的视角对"脱实向虚"进行界定。该视角聚焦资本积累及利润来源获取渠道的转换。刘晓欣和张艺鹏指出，经济"脱实向虚"是以虚拟经济实现自我循环运动为基础，由生产性职能向非生产性职能转化的资本价值化积累路径。一方面，虚拟经济自我运动膨胀的部分，要远胜于支持服务实体经济的部分；另一方面，实体经济也越来越依赖非生产性手段获取利润。[④] 伍超明指出，"脱实向虚"代表着经济的虚拟化程度加深，虚拟经济在获得相对独立性的同时，愈发增强其对实体经济的控制性。这一经济结构的变化，在宏观层面上，表现为国民财富的构成中虚拟资产比重不断攀升；而在微观层面上，体现为资本化定价的虚拟资产投机收入，成为企业利润和居民收入的主要来源渠道。[⑤] 此外，肖磊认为"脱实向虚"就是货币资本从实体经济部门向虚拟经济部门不断转移的过程，其结果是虚拟经济相较实体经济对于国民经济增长的贡献度和地位不断提升，成为发展的核心动力。[⑥] 叶松祥和晏宗新立足职能资本虚拟化程度不断加深这一现象，认为"虚实脱节"意味

[①] 许均华、高翔：《虚拟资本与实质经济关系研究》，载于《经济研究》2000年第3期。
[②] 刘志彪：《实体经济与虚拟经济互动关系的再思考》，载于《学习与探索》2015年第9期。
[③] 苏治、方彤、尹力博：《中国虚拟经济与实体经济的关联性——基于规模和周期视角的实证研究》，载于《中国社会科学》2017年第8期。
[④] 刘晓欣、张艺鹏：《中国经济"脱实向虚"倾向的理论与实证研究——基于虚拟经济与实体经济产业关联的视角》，载于《上海经济研究》2019年第2期。
[⑤] 伍超明：《货币流通速度的再认识——对中国1993-2003年虚拟经济与实体经济关系的分析》，载于《经济研究》2004年第9期。
[⑥] 肖磊：《信用创造、虚拟资本与现代经济运行——兼论我国实体经济与虚拟经济的关系》，载于《当代经济研究》2019年第12期。

105

着虚拟资本的流动越来越绕过产业循环周转过程，突破增殖性和流动性限制而寻求快速赚取价差。以虚拟资本运动为主体的虚拟经济部门取代以产业资本循环为主体的实体经济部门，成为社会财富积累的主要渠道。①

由此可知，多数学者都认同"脱实向虚"意味着社会资本向虚拟经济部门的过度倾斜，虚拟经济独立性增强，脱离实体经济的生产过程而实现自我增殖，结果是虚拟经济与实体经济的发展相背离。分歧在于，"金融化"视角实际剥离了制度差异，将"脱实向虚"现象等同于金融化，但前者作为我国社会主义市场经济发展过程中所需规避的问题，是否具有资本主义国家金融化现象的必然性及内生性，仍待商榷。经济制度上的本质差异决定了二者发生基础的不同，"脱实向虚"并非"金融霸权"的复辟，② 也不是新自由主义重构的结果，③ 因而对其分析不能完全照搬金融化的研究思路。此外，就虚拟经济膨胀视角和积累模式转变视角的差别来看，前者侧重"脱实"这一经济问题，强调虚拟资本日益脱离生产领域、独立增殖的资本逻辑；后者则关注"向虚"这一经济趋势，认为资本从生产性职能向非生产性职能的转化，是"脱实向虚"的核心所在。但本质上，二者并非割裂关系，辩证联系二者来看，才能更为准确地把握"脱实向虚"的内涵。

（二）经济"脱实向虚"趋势判定的分歧与共识

2008年国际金融危机爆发以来，随着我国结构性失衡问题及新常态特征的凸显，我国经济"脱实向虚"的说法引起了学者的广泛关注与讨论。从已有研究来看，具体论证我国经济是否"脱实向虚"或对其程度进行测算的文献有限，多数研究都将经济"脱实向虚"作为既定的论述背景或条件，围绕其表现、动机和原因展开论证。

---

① 叶祥松、晏宗新：《当代虚拟经济与实体经济的互动——基于国际产业转移的视角》，载于《中国社会科学》2012年第9期。
② 热拉尔·杜梅尼尔、多米尼克·莱维：《新自由主义与美国霸权的危机》，刘耀辉译，载于《国外理论动态》2010年第2期。
③ 大卫·科茨：《金融化与新自由主义》，载于《国外理论动态》2011年第11期。

第五章　中国特色社会主义金融实践：金融服务于实体经济发展

第一，从非金融企业金融化角度对经济"脱实向虚"趋势加以判定，这部分研究又集中于对金融"投资替代"效应的论证。方明月等认为，非金融企业金融投资占总投资比重的不断攀升，使我国经济出现了显著的"脱实向虚"趋势，并基于对投资替代、股东价值最大化以及融资约束等五种企业金融化动机理论假说的检验，证明了"脱实向虚"趋势的存在。[1] 同样地，韩珣和李建军也认为大量企业受到"利润追逐"和"投资替代"机制的影响，从事高收益影子银行业务，挤出了实体经济投资，加剧了产业空心化趋势。[2] 盛明泉等利用微观企业数据研究了金融化对于实体经济全要素生产率的影响，发现企业金融资产配置比重上升会降低企业全要素生产率，具有"投资挤占"的作用，金融"脱实向虚"倾向明显。[3] 此外，李秋梅和梁权熙基于企业金融化同群效应的视角指出，我国金融体系正逐步偏离服务实体经济的本质，大量资本滞留于金融系统自我循环，经济的"脱实向虚"可能存在一种自我强化的机制。[4]

第二，从资本逐利性及利润率下降的宏观角度对"脱实向虚"趋势的存在进行论证。首先，基于实体经济利润率下降视角，王守义和陆振豪认为，我国部分行业生产过剩及投资回报率降低，资本的趋利性使得大量社会资金流入虚拟经济部门，导致实体经济长期无法从膨胀式发展的虚拟经济中寻得良方。[5] 同样地，王国刚认为PPI的持续下滑引发了实体经济利润率的波动及回落，加之经济结构中的短板产业未能顺应发展的取向实现升级，导致经济运行中出现资金"脱实向虚"的现象。[6] 此外，

---

[1] 方明月、靳其润、聂辉华：《中国企业为什么脱实向虚？——理论假说和经验检验》，载于《学习与探索》2020年第8期。

[2] 韩珣、李建军：《金融错配，非金融企业影子银行化与经济"脱实向虚"》，载于《金融研究》2020年第8期。

[3] 盛明泉、汪顺、商玉萍：《金融资产配置与实体企业全要素生产率："产融相长"还是"脱实向虚"》，载于《财贸研究》2018年第10期。

[4] 李秋梅、梁权熙：《企业"脱实向虚"如何传染？——基于同群效应的视角》，载于《财经研究》2020年第8期。

[5] 王守义、陆振豪：《以虚拟经济促进我国实体经济发展研究》，载于《经济学家》2017年第8期。

[6] 王国刚：《金融脱实向虚的内在机理和供给侧结构性改革的深化》，载于《中国工业经济》2018年第7期。

马克思主义金融理论与当代实践

陆岷峰指出，由于成本增大、产能过剩及资金链断裂等问题的存在，我国实体经济利润下行压力加大，企稳回转基础不牢。而虚拟经济的发展更是导致大量游资和热钱脱离实体经济运转，两部门发展不平衡、不协调、不可持续的现象突出。① 其次，基于实体经济和虚拟经济的资本回报率差异视角，黄阳平和李文宽认为我国经济"脱实向虚"倾向明显，实体经济和虚拟经济回报率差异导致两部门之间的资本非均衡流动。资本过度集中于虚拟经济部门在加重"产业空心化"的同时，进一步降低了实体经济的平均利润率。② 同样地，邱兆祥和安世友提出虚拟资本及金融资本的高回报率吸引资源不断流入虚拟经济部门，导致社会资源错配，引发了虚实两部门发展失衡。③ 最后，也有部分学者聚焦于资金"空转"现象。刘志彪指出，当前我国实体经济和虚拟经济发展结构性失衡的特点可以归结为"实体经济不实"及"虚拟经济太虚"两点。这集中体现为实体经济过度追求资本市场投资、产能过剩及虚拟经济中为实体经济服务的比重低于自我循环的比重。④ 张成思和张步昙认为市场流动性的加大伴随着大量资金涌入房地产、艺术品等虚拟经济领域进行投机炒作，甚至连普通商品都难逃"资本轮动"，其价格呈现资本化定价的"脱实向虚"倾向。⑤ 此外，何其春和邹恒甫也指出扩张性货币政策的本意和实际结果背离是我国经济面临的难题之一，这意味着大量流动性的注入反而助长了虚拟经济的膨胀，导致更少份额的资本流向实体经济。⑥

基于对经济"脱实向虚"趋势判定的分歧与共识的梳理可知，多数

---

① 陆岷峰：《金融支持我国实体经济发展的有效性分析》，载于《财经科学》2013年第6期。
② 黄阳平、李文宽：《习近平新时代中国特色社会主义实体经济思想研究》，载于《上海经济研究》2018年第8期。
③ 邱兆祥、安世友：《金融与实体经济关系的重新审视》，载于《教学与研究》2012年第9期。
④ 刘志彪：《实体经济与虚拟经济互动关系的再思考》，载于《学习与探索》2015年第9期。
⑤ 张成思、张步昙：《再论金融与实体经济：经济金融化视角》，载于《经济学动态》2015年第6期。
⑥ 何其春、邹恒甫：《信用膨胀、虚拟经济、资源配置与经济增长》，载于《经济研究》2015年第4期。

第五章　中国特色社会主义金融实践：金融服务于实体经济发展

学者对我国经济存在"脱实向虚"趋势持有认同态度，也从不同的视角对其进行了论证。但问题在于，从非金融企业金融化角度对"脱实向虚"问题所进行的论证，实际上直接将金融等同于虚拟经济，而将企业金融资产比重、金融资产利润率作为衡量经济"脱实向虚"与否的核心指标。但上市企业金融指标的变动并不必然意味着经济"脱实向虚"，也无法准确代表虚拟经济与实体经济的具体运行状态。同时，这一视角也未正确认识到虚拟经济发展的必然性和内生性，由此导致对经济"脱实向虚"的刻画有偏于现实。此外，"脱实向虚"作为宏观经济运行层面的现象，抛开我国基本经济制度有别于资本主义经济制度的特殊性，简单套用企业治理视角下的金融化理论加以分析，其合理性仍有待商榷。

同样地，基于我国经济运行中所出现的虚拟经济规模持续扩大、实体经济利润率下降、部分行业产能过剩等现象，就对经济已经"脱实向虚"这一命题盖棺定论，存在一定混淆"脱实向虚"内涵的倾向。事实上，虚拟经济的快速增长并不必然引起经济的"脱实向虚"，还取决于其为实体经济服务部分与脱离实体经济发展部分的对比。换言之，实体经济在结构转型过程中所出现的利润率下滑及生产过剩问题，也不完全意味着经济"脱实向虚"。当实体经济部门在国民经济中依然处于绝对性的主导地位时，虚拟经济最终仍将回归服务实体经济发展的内在要求。因此，对于我国经济是否"脱实向虚"这一问题，还应在厘清马克思主义视角下"脱实向虚"内涵及判断标准的基础上，结合我国当前实体经济和虚拟经济的发展现状，进一步量化分析并加以检验。

（三）产业资本与虚拟资本矛盾运动的相关论述

虚拟经济是以信用为依托，以虚拟资本（$G-G'$）运动为形式的经济活动；而实体经济则是以产业资本循环（$G-W-P-W'-G'$）为核心，以商品和服务的生产、流通等循环为中介的价值增殖活动。虚拟资本的产生服务于产业资本循环扩大的要求，但同时又可脱离产业资本循环独立运动。显然，马克思主义学者对于产业资本与虚拟资本矛盾运动的论述，实际上已然暗含了实体经济与虚拟经济的辩证统一关系。

马克思在研究了资本主义的直接生产过程后，又深刻阐释了资本的流通过程，进而全面地揭示了生产过程和流通过程相统一的产业资本循环。他指出，随着社会生产规模的扩大，从产业资本循环中游离出来充当"贮藏货币"或是"准备金"的潜在货币资本也必须不断扩大，这就制约着"能够不断执行生产资本职能的那部分处在过程中的资本价值"。① 因此，为了突破社会生产的绝对界限，信用制度作为"竞争斗争中的一个新的可怕的武器"逐渐发展起来。② 同时，作为产业资本派生形式的借贷资本以及由信用产生的虚拟资本也不断扩大其运动规模。马克思指出，信用发挥着打破产业资本积累质的界限的作用，因此成为使生产"超出它本身界限的最有力的手段"。③ 商业信用使得商业票据的流通替代了货币流通，从而借由这种单纯流通手段的创造，催生出虚拟资本。而银行信用作为"最人为的和最发达的产物"，④ 其产生同样适应于产业资本循环周转以及再生产运动的需要。具体来看，银行通过借贷关系将再生产过程中由于各种原因游离出来的闲置货币资本集中起来，再以银行资本形式贷放给产业资本家用于生产，因而，其利润来源同样是工人在生产中所创造的剩余价值的一部分，有赖于产业资本循环的顺利进行。

而"银行家资本的最大部分纯粹是虚拟的"⑤，实际上是在信用流通代替货币流通条件下产生的虚拟资本。因此，信用制度的二重性也必然在虚拟资本的运动中表现出来。⑥ 一方面，虚拟资本是信用制度充分发展所必然采取的、满足资本对于流动性追求的形式与方式。这种在所有权证书形式上的积累，极大减少了流通费用，加速了产业资本循环运动。

---

① 《马克思恩格斯文集》（第6卷），人民出版社2009年版，第393页。
② 《马克思恩格斯文集》（第5卷），人民出版社2009年版，第722页。
③④ 《马克思恩格斯文集》（第7卷），人民出版社2009年版，第686页。
⑤ 《马克思恩格斯文集》（第7卷），人民出版社2009年版，第532页。
⑥ 叶祥松、晏宗新：《当代虚拟经济与实体经济的互动——基于国际产业转移的视角》，载于《中国社会科学》2012年第9期。

第五章　中国特色社会主义金融实践：金融服务于实体经济发展

另一方面，虚拟资本的运动，是一种脱离职能资本运动的特殊形式的运动，这种运动仅仅表现为 $G-G'$ 的形式。因而多数情况下，虚拟资本的积累并不等同于现实资本的积累。当虚拟资本趋利性不断放大时，就可能脱离产业资本的制约，而不断强化自身"钱生钱"的运动模式。

概括而言，就是产业资本循环中游离出来的货币资本，借由信用的作用转变为借贷资本或虚拟资本形式，重新回到再生产过程中，发挥其加速资本集中与积累的杠杆作用，进而以利息或红利形式分割平均利润的一部分。此时，虚拟资本虽然具有相对于职能资本的独立性，但仍需回流到产业资本主导的循环周转中才能获得增殖。因而，信用所产生的虚拟资本的量是有边界的。同时，由于"虚拟资本的流动性带有最大程度的自由"①，因而它又具备脱离产业资本循环独自扩张的可能。为了确保资本循环在扩张基础上顺利进行，同时满足巨额投资所需的货币资本规模，信用体系随之不断变革和扩张，促成银行资本的集中和垄断，"银行的作用根本改变了"②。产业资本家所支配的货币资本越来越隶属于银行，其结果是产业资本对于银行资本的依赖性加强，以信用经济为基础的虚拟资本控制了经济的运行机制。而随着资本集中和积聚所带来的生产力迅猛发展，"以产品非生产性消费的方式……远不足以抵消剩余"③，为了吸收剩余，保持资本增殖的活力，大量剩余资本脱离产业资本循环转向资本投机，进一步强化了虚拟资本的主导性。

实际上，实体经济与虚拟经济与资本运动、价值运动紧密相关，脱离价值和资本运动就难以正确把握两者的辩证关系。正如哈维所指出的，"无论是关于价值生产还是价值实现的斗争，都是发生在资本循环的整体逻辑和动态之中"④。因此，围绕产业资本与虚拟资本矛盾运动的马克思主义政治经济学理论，为更好地认识当前我国虚拟经济和实体经济发展

---

① 弗朗索瓦·沙奈：《金融全球化》，齐建华等译，中央编译出版社2001年版，第72页。
② 列宁：《帝国主义是资本主义的最高阶段》，中央编译局译，人民出版社2014年版，第31页。
③ 索尔斯坦·凡勃伦：《企业论》，蔡受百译，商务印书馆2012年版，第167页。
④ 大卫·哈维：《马克思与〈资本论〉》，周大昕译，中信出版社2018年版，第117页。

的时代特点，厘清经济"脱实向虚"的内涵，从而更好地回答我国经济发展的理论和实践问题，提供了科学的经济分析方法。

二、马克思主义理论视角下"脱实向虚"的内涵与判定

虽然学术界对于"脱实向虚"的界定已展开一定讨论，但从马克思主义政治经济学视角对其内涵及趋势判定进行具体阐释的研究有限。显然，"脱实向虚"作为我国市场经济改革过程中产生的特有名词，对其发展趋势的分析不能简单复制金融化的研究思路，也不能仅仅停留于对经济现象的解释而割裂社会主义市场经济中实体经济与虚拟经济的辩证发展关系，否则就会落入对我国经济是否"脱实向虚"下片面论断的窠臼之中。本部分旨在结合当前学术界对于"脱实向虚"内涵以及趋势判定存在的争议，立足虚拟资本与产业资本的矛盾运动，辩证分析实体经济和虚拟经济在循环运动中的对立统一关系，进而基于虚拟资本运动模型阐释经济"脱实向虚"趋势的判定标准及其与资本主义"金融化"现象的异同；同时，梳理在现行的统计口径下马克思主义学者对于虚拟经济和实体经济定量关系描述指标的选择，为后文提供分析工具。

（一）实体经济与虚拟经济的对立统一关系

虚拟经济内源于实体经济发展的需要，为了适应产业资本循环周转和再生产运动的需要，信用体系将再生产中周期性游离出来的职能资本的闲置资本转变为生息资本。在生息资本的流转和交易中，催生了以有价证券形式存在的虚拟资本，随着其交易范围和规模的延伸扩大，虚拟经济逐步发展。虚拟经济从实体经济中产生，尽管虚拟经济可以发展得

第五章　中国特色社会主义金融实践：金融服务于实体经济发展

相当独立，但其根源还是实体经济。不过，随着实体经济利润率下滑，作为"天生的平等派"①的资本为了保持高增殖性，必然驱使其不断突破周期性、流动性及来源性限制，强化虚拟资本的独立性和主导性，绕过实体经济而进行独立扩张和积累。

1. 虚拟经济的发展内源于实体经济再生产扩大的需要

虚拟经济的发展与社会生产规模的扩大是相适应的，它的产生将社会再生产中周期性游离出来的大量贮藏货币、准备金等潜在货币资本集中动员起来，以便使其更及时、更迅速地回归实体经济的价值创造过程。一方面，为了确保产业资本循环的顺利进行及再生产规模的不断扩大，生产者必然要将部分货币以贮藏的形式积累起来，作为准备金以应对价值革命②对资本循环所产生的影响；同时，由于价值的积累只有到了一定的规模才能作为追加资本投入再生产，这又使"潜在的货币资本"③的数量不断增加；另一方面，随着积累的加速，单个生产者必然需要更大数量的货币资本以维持原有或扩大的生产规模。同时，由于"资本的周转时间在不同的投资部门是不同的"④，预付资本比重及对贮藏货币的要求量也会有所差异。其结果就是，闲置货币规模持续扩大与货币资本需求不断增长的现象并存，货币供需存在某种程度的脱节。

第一，"差别悬殊的生产时间和流通时间，使货币保持连续性的需要和减少周转时间的需要有力地刺激了信用体系的创造"⑤。寻求增殖作为资本内在的冲动，决定了随再生产规模扩大而游离出来的大量贮藏货币不会就此闲置。作为潜在的货币资本，"在间歇期间还会以会生出货币的货币的形态而存在，例如成为银行的有息存款，换成某种票据或有价证

---

① 《马克思恩格斯文集》（第5卷），人民出版社2009年版，第457页。
② 价值革命，即价值量的剧烈变动。例如，生产资料的价格突然提高，如以原有数量的货币资本就买不到原有数量的生产资料，资本循环就会受到阻碍。
③ 《马克思恩格斯文集》（第6卷），人民出版社2009年版，第91页。
④ 《马克思恩格斯文集》（第6卷），人民出版社2009年版，第174页。
⑤ 大卫·哈维：《资本的限度》，中信出版集团2017年版，第409页。

券"①，即借由信用系统不断转化为借贷资本或虚拟资本，以便更好地服务于实体经济价值创造的需求。具体而言，以虚拟资本运动为核心的虚拟经济发展，可以动员大量贮藏、闲置货币流向实体经济，满足资本周转时间及生产性质不同的实体企业相应的融资需要，使存在于资本循环过程之外的积累货币更为及时高效地转化为追加资本，以便推进大规模的固定资本投资及再生产过程的扩张式发展。这一融资方式使"生产规模惊人地扩大了，个别资本不可能建立的企业出现了"②。

第二，虚拟经济的发展也使实体经济中资本循环各个阶段加快，从而缩短了资本的总体周转时间，而实体经济整个再生产过程的加快，又减少了作为购买手段以及必须在货币形态上存在的以确保产业资本循环顺利进行的准备金，这都使流通费用得到节省。同时，虚拟经济的适度发展有利于增进资本的有效配置和流动性。一方面，以货币直接索取权、现实资本的纸制复本形式占有资本和收入，更好迎合了资本对于流动性、增殖性以及投机性的追求，便于生产和交易扩张突破现有资本束缚；③ 另一方面，虚拟资本独立于现实资本的价值运动能够发挥动员资本投资的导向性作用，使其流向资源利用效率高、价值索取权更为可靠的生产部门，在利润率不同的行业和部门进行合理转移以达到优化配置，④ 从而极大促进了资本在全社会不同部门之间的流动和重组。因此，虚拟经济是适应产业资本循环周转和再生产运动的需要而产生的。

虽然以所有权证书形式存在的虚拟资本，其市场价值可以独立于现实资本的价值而运动，但其在运动中所带来的利息收入，源于对实体经济所创造的平均利润的分割，也就是产业资本循环运动中创造和实现的剩余价值的一部分。因而，虚拟经济的发展有赖于实体经济在更大规模上所实现的价值增殖。当实体经济中的产业资本循环主导价值积累时，

---

① 《马克思恩格斯文集》（第6卷），人民出版社2009年版，第98页。
② 《马克思恩格斯文集》（第7卷），人民出版社2009年版，第494页。
③ 陈享光：《金融化与现代金融资本的积累》，载于《当代经济研究》2016年第1期。
④ 伊藤·诚、考斯达斯·拉帕维查斯：《货币金融政治经济学》，孙刚、戴淑艳译，经济科学出版社2001年版，第146页。

第五章　中国特色社会主义金融实践：金融服务于实体经济发展

再生产过程中规律性游离出来的大量货币资本，最终仍会借由信用体系转化为借贷资本或虚拟资本形式，重新回流至实体经济的生产过程中，参与价值创造环节，否则就有可能失去增殖性。此时，虚拟资本的完整运动过程中包含着作为中介的产业资本循环运动，虚拟经济的发展虽然也可能伴随着所有权证书过度积累的问题，但其主要目的仍服从于实体经济的价值创造，因而虚拟资本与产业资本的独立性是相对的，信用所产生的虚拟资本的量，进而以索取权形式积累的虚拟资本，最终不能脱离实体经济。实体经济和虚拟经济的发展是同步的，此时，"只要再生产过程顺畅地进行，从而资本回流确有保障，这种信用就会持续下去和扩大起来"①，"脱实向虚"问题也不会因虚拟经济的不断发展而产生。

在这种情形下，实体经济与虚拟经济虽然在利益分配上存在竞争，但合作是二者关系的主线，目的都在于使产业资本得到最充分的运用，从而占有更多的利润。换言之，虚拟经济的核心职能是动员社会中一切潜在的、可用的、尚未发挥积极作用的闲置资本流向价值生产创造领域，实现个别潜在资本向社会资本的转变，打破生产内在的束缚和限制；实体经济的作用则在于将经由虚拟经济获得的资本投入再生产过程中，作为实际使用的资本执行职能，使其在生产和流通中创造价值并实现价值，从而确保所有权证书持有者在一定时期获得更多的利息收入或分红。此时，二者是相互促进、相辅相成的共赢关系。

2. 虚拟经济存在脱离实体经济独立循环的内在趋势

虚拟经济的运行以虚拟资本的运动为基础，由于虚拟资本的市场价值②可以独立于现实资本的价值变动而纯粹根据"有权索取的收益的大小和可靠程度"③而变动，其具有相对职能资本价值决定的独立性，仅仅表现为 $G-G'-G''$ 的形式。这种特殊形式的运动促进了产业资本再生产能力

---

①《马克思恩格斯文集》（第7卷），人民出版社2009年版，第546页。
② 虚拟资本的市场价值指的是"虚拟的资本价值"，其始终只是收益资本化的表现，也就是一个幻想资本按现有利息率计算可得的收益。
③《马克思恩格斯文集》（第7卷），人民出版社2009年版，第530页。

最大限度的发挥，但也在一定程度上导致了生产的盲目性和依赖性。

首先，对"技术的发明及相应的剩余利润连续不断的系统的追求"①，驱动企业在生产中大量采用机器设备，增加固定资本投资。这就使得可变资本同不变资本、总资本相比会不断地相对减少，②引起资本有机构成的提高，加快机器和各种固定资本的折旧更新。此时，实体企业必须在更大规模上推进资本循环与积累，才能抵消由此引发的积累放缓效应。因此，为了确保再生产在扩张基础上的顺利进行，同时满足实现价值增殖所必需的资本最低限额不断提高的要求，以信用为基础的虚拟经济日益扩张，逐步成为支配生产部门所需货币资本的核心力量。同时，平均利润率的下降也使得"大量分散的小资本被迫走上冒险的道路：投机、信用欺诈、股票投机、危机"③。当信贷的扩张"越来越依赖与实际价值变动无关的杠杆"④时，就会进一步引起虚拟经济的自我膨胀。

其次，信用作为使生产超出本身界限的最有力手段，其发展在为实体经济提供支配社会资本权力的同时，在一定程度上也加大了实体经济生产扩张的盲目性，从而引发生产过剩与有支付能力的消费需求之间的矛盾。具体来看，信用的资本集中作用，实际上为生产打破内在的束缚创造了条件。在这里，信用的最大限度，等于产业资本的再生产能力不顾消费界限而达到极度紧张。⑤但这种相较于有限消费能力而过度发展的生产力，使非生产性消费不足以抵消的过剩资本不能再通过实体经济的生产过程获取剩余价值，就引发了生产过剩。因此，为了吸收生产剩余，虚拟经济作为"强大的吸压泵"，通过虚拟资本交易"再生产出了一整套投机和欺诈活动"，⑥借由信用手段吸纳了大量游离闲置资本。同时，具备"自我创造能力"的虚拟经济呈现绕开生产过程而进行独立扩张和积

---

① 埃内斯特·曼德尔：《晚近资本主义》，黑龙江人民出版社1983年版，第263页。
② 《马克思恩格斯文集》（第7卷），人民出版社2009年版，第236页。
③ 《马克思恩格斯文集》（第7卷），人民出版社2009年版，第279页。
④ Bob Jessop, "Hard Cash, Easy Credit, Fictitious Capital: Critical Reflections on Money as a Fetishised Social Relation", *Finance and Society*, Vol. 10, No. 1, 2015, pp. 20-37.
⑤ 《马克思恩格斯文集》（第7卷），人民出版社2009年版，第546页。
⑥ 《马克思恩格斯文集》（第7卷），人民出版社2009年版，第497页。

第五章　中国特色社会主义金融实践：金融服务于实体经济发展

累的趋势，"生产更多货币的货币"①。与进入实体经济经过生产、交换、消费等环节才能实现增殖的资本相比，虚拟经济直接"以钱生钱"的运动形式，极大缩短了资本周转时间，进而强化了游离资本的"脱实向虚"及虚拟经济内部积累机制的形成。

在实体经济存在利润率下滑且生产过剩问题的基础上，"作为一种能够产生危机的特殊资本"②，虚拟经济以迎合资本增殖性和流动性的运动方式，不断增强自身的独立性和主导性，形成内部积累机制。与实体经济占主导地位的情形不同，从再生产中规律性游离出来的潜在货币资本，极有可能不再回流参与生产领域的价值创造环节。出于对高利润率和流动性的追求，大量资本选择滞留于虚拟经济部门，借由虚拟资本的重复交易、预期调控、供需调整实现"增殖"。同时，为了更大范围地集中吸纳社会中的潜在货币资本，虚拟经济自身也不断创造出新的投资工具及方式，③使得虚拟资本在时间和空间上的流动性和流通速度更高、集中度更高，进一步降低与生产部门的整合程度。④

但多数情况下，虚拟资本的积累并不等同于现实资本的积累。这种所有权证书形式的积累，甚至可以借由各种信用手段，按极不同于现实积累的方向进行。⑤此时，在虚拟经济领域内所进行的买卖，并非只是为了取得定期的收入，而是为了投机发财。虚拟财产的积累，"就其本质来说，越来越成为赌博的结果"⑥，赌博已经取代劳动，成为财富积累的一种特殊形式。这就加深了现实积累与虚拟资本积累之间的矛盾。虚拟经济的繁荣并不代表实体经济的繁荣，这种建立在纯粹所有权证书流通基

---

① 《马克思恩格斯文集》（第7卷），人民出版社2009年版，第440页。
② Teixeira, Joanílio Rodolpho, et al., "Fictitious Capital and Economic Crisis: Visions Towards a New Paradigm", *Rev. Econ. Contemp*, Vol. 19, No. 1, 2015.
③ 陈享光：《现代金融危机分析范式：比较与构建》，载于《学习与探索》2015年第5期。
④ Danylina, Svitlana. "Virtuality of Fictitious Capital in Modern Conditions", *Economic Archive*, June 2016.
⑤ 《马克思恩格斯文集》（第7卷），人民出版社2009年版，第542页。
⑥ 《马克思恩格斯文集》（第7卷），人民出版社2009年版，第541页。

础上①的膨胀式发展,使二者的关系从以合作为主线转向以竞争为主导。虚拟经济中为实体经济服务的部分不断缩减,而独立扩张、自我循环的部分却持续增大。当资本的投资愈发集中于证书的占有而不是实际生产时,"脱实向虚"问题就产生了。

不过,单纯借助虚拟资本独自运动所形成的利润或货币收入,并非对实体经济所创造的剩余价值的分割,而是对社会财富的再分配。社会总财富并不会因为虚拟资本所幻想的"资本价值的积累"②而增加。因而,这部分利润的增加仅仅是财富在社会各阶层的转移。随着虚拟经济自我循环部分相对其服务实体经济部分的上升,"投机收入"会取代"投资收入"成为核心利润来源。③而虚拟经济利润的快速增长又可能带来两方面后果:一是实体经济萎靡,在存在实体经济平均利润率下降的现实条件下,虚拟经济的持续资本化将引起其内部资本的相对过剩,强化虚拟经济的投机性和"脱实"倾向;二是对于已有财富积累的重新分配,可能会使"大部分利润都被那些干金融勾当的'天才'拿去"④,从而抑制社会劳动者有效需求的增加,扩大供给与需求的矛盾,引发经济"脱实向虚"。

(二)经济"脱实向虚":基于虚拟资本运动模型的判定标准

前一部分立足于产业资本与虚拟资本矛盾运动的理论视角,着重从虚拟经济的发展产生于实体经济生产扩大的需要及虚拟经济存在脱离实体经济独立增殖的内在趋势两方面,探讨了"脱实向虚"的内涵。本质上,"脱实向虚"就是实体经济与虚拟经济的关系,在发展中从"合作为主"向"竞争为主"转化。具体来看,二者的循环运动可以抽象为图 5-1 所展

---

① 鲁道夫·希法亭:《金融资本》,福民等译,商务印书馆 2009 年版,第 149 页。
② 《马克思恩格斯文集》(第 7 卷),人民出版社 2009 年版,第 531 页。
③ 肖磊:《信用创造、虚拟资本与现代经济运行——兼论我国实体经济与虚拟经济的关系》,载于《当代经济研究》2019 年第 12 期。
④ 《列宁选集》(第 2 卷),人民出版社 2012 年版,第 594 页。

第五章　中国特色社会主义金融实践：金融服务于实体经济发展

示的过程。其中，①代表实体经济部门的产业资本循环周转过程；②和③分别代表借贷资本和虚拟资本进入实体经济的过程；④则代表虚拟资本脱离价值生产领域独立增殖的过程。

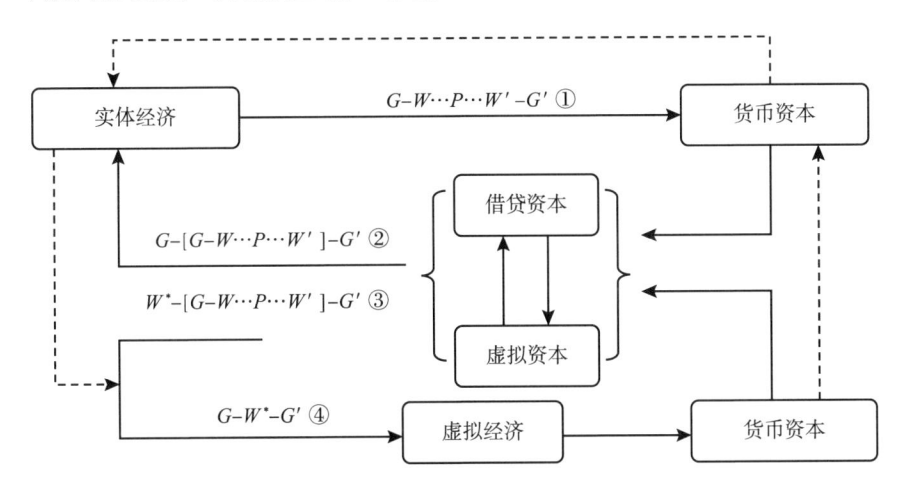

图 5-1　实体经济与虚拟经济循环运动

在实体经济占主导的情况下，虚拟经济与实体经济的关系以合作为主线。此时，从产业资本循环周转中不断游离出来的潜在货币资本"能够不采取它原有的生产资本的形式"①，而是借助信用系统转变为虚拟资本 W^* 或者借贷资本 G，进而通过 $W^*/G-[G-W\cdots P\cdots W']-G'$ 的循环过程实现价值的增殖。可以看出，在此情形下，虚拟经济部门的所获利润源于实体经济部门对于平均利润的部分让渡。因此，所有权证书的积累在一定程度上反映了现实生产的扩张，虚拟经济的发展也伴随着社会财富的真实积累。虽然虚实两部门在平均利润的分割上存在竞争，但这一竞争性受限于虚拟资本运动与再生产过程的关联性。服务于实体经济突破生产内在束缚和限制的需要，依然为虚拟经济的第一要务。只要实体经济的价值创造及实现过程可以在扩大的规模上顺利进行，确保虚拟资本的增殖性，即使虚拟经济的发展速度相对更快，也未必会产生经济"脱实向虚"的压力。

---

① 《马克思恩格斯文集》（第6卷），人民出版社2009年版，第86页。

但在虚拟经济的发展占主导的情形下，实体经济与虚拟经济的关系则呈现竞争性不断增强的倾向，虚拟经济的独立性极大地强化，进一步导致实体经济不振。此时，产业循环周转中游离出来的大量货币资本和社会剩余，在虚拟经济高利润率的驱动下，开始脱离实际生产过程而寻求 $G-W^*-G'$ 的快速增殖方式。因为这一过程并不介入具备再生产要素及劳动条件的现实资本运动，所以权利证书的积累和真实社会财富的创造积累是脱节的。虚拟经济的自我循环和扩张不以动员社会资本流向实体经济、促进价值创造与实现为目标，反而扮演着与实体经济争夺资本的角色。大量游资滞留于虚拟经济寻求"一夜暴富"，结果是虚拟经济总量增长的速度远高于实体经济部门的增长速度。这就引发了某种"恶性循环"：一方面，虚拟经济盲目扩张与实体经济的衰退诱发了"脱实向虚"；另一方面，"脱实向虚"又进一步固化了虚拟经济膨胀发展和实体经济孱弱的模式。不过，虚拟经济的发展并非毫无限制，其所能容纳的虚拟资本也并非无限的。因为无论是借贷资本还是虚拟资本，都与产业资本的积累存在着看不见的密切联系。[①] 这就意味着，虚拟经济的繁荣无法在实体经济持续萎缩的情形下长期维持。一旦"脱实向虚"的程度突破实体经济财富创造和积累所能支撑的范围，借贷资本、虚拟资本的流转无法维持社会再生产的正常运转，就可能通过强制性危机的形式重建产业资本与借贷资本、虚拟资本之间的内生联系。

因此，经济"脱实向虚"就是以产业资本循环为核心的实体经济丧失了在社会价值积累中的主导地位，产业资本循环周转中游离出来的货币资本并不回流到实体经济中参与商品和服务的生产过程。虚拟经济内部积累机制的形成，使其不断创造出吸纳闲置货币资本和社会剩余的新投资对象，进而完成价值在部门内部的再分配，虚拟经济总量增长的速度远高于实体经济部门的增长速度。此时，虚拟经济不以服务实体经济

[①] 陈享光：《现代金融危机分析范式：比较与构建》，载于《学习与探索》2015 年第 10 期。

第五章 中国特色社会主义金融实践：金融服务于实体经济发展

为目的而进行活动，虚拟资本的运动也不以动员货币资本流向产业资本循环、加快产业资本完成循环过程为目标，而以借助信用体系以不断创造新的"价值符号"、获得短期货币收益为目的，并不参与实际价值生产过程。

那么，对于经济是否"脱实向虚"的判定：其一，应该看实体经济是否丧失了其在国民经济运行中的主导地位，虚拟经济是否成为经济活动的重心以及社会财富积累的主要渠道；其二，应该看虚拟经济是否不以服务实体经济为目的进行活动，而是不断扩大自我循环的规模，此时，虚拟经济自我循环的部分远大于服务于实体经济的部分，不仅没有促进实体经济价值生产创造的扩大，还导致大量资本脱离实体经济、寻求快速增殖，从而引发实体经济的衰退；其三，应该看实体经济生产利润率持续下滑与虚拟经济规模持续扩张的现象是否同步存在，此时，虚拟资本的运动与产业资本的运动明显失衡，实体经济的生产并不能使"资本回流确有保障"，逐利性资本不断流入虚拟经济领域，导致其不断膨胀式扩张，虚拟经济的繁荣加剧了实体经济的衰退。

（三）经济"脱实向虚"趋势衡量指标的选择

基于经济"脱实向虚"马克思主义视角的判定标准可知，不能仅仅依据虚拟经济规模持续扩大或者实体经济利润率下降等阶段性经济现象，就直接论断我国经济"脱实向虚"，还应具体测度实体经济和虚拟经济对于社会价值积累的贡献率以及虚拟经济服务于实体经济价值创造的部分和脱离实体经济自我循环的部分，从而判断实体经济是否仍主导国民财富的积累，虚拟经济整体是否仍以服务实体经济为目的而进行活动。但按照马克思主义理论的分析视角，目前还没有能够精确统计实体经济和虚拟经济规模的口径，加之要区分虚拟经济中真正为实体经济服务的部分、重复交易的部分、自我循环的部分存在很多技术性困难，因而对于"脱实向虚"趋势存在与否的描述性分析，多是从实体经济和虚拟经济的主体部分，即工业或制造业、金融和房地产业着手。[1]

  首先，为了判断实体经济是否仍主导国民财富的积累，反映经济活动中产业结构和积累方式的变动，就涉及对实体经济和虚拟经济规模的测算以及两部门实体经济和虚拟经济对于社会价值积累贡献率的度量。前文指出，实体经济就是以商品和服务的生产、流通等循环为中介的价值增殖活动，用马克思的资本价值运动理论来解释，即产业资本的循环运动过程 $G-W-P-W'-G'$。而虚拟经济就是与虚拟资本运动相关的，以信用体系为主要依托并按照独特的运动规律以获取收益的经济活动，用马克思虚拟资本运动公式表示就是 $G-G'$，主要包括金融和房地产行业。其中，对于实体经济和虚拟经济规模的测算，在现行统计口径下，结合马克思主义视角下实体经济和虚拟经济的界定，成思危、石凯等学者以虚拟资本 $G-G'$ 的运动形式作为划分依据，用股票、债券、基金、投资性房产等具有"钱生钱"活动形式的虚拟资产总量来衡量虚拟经济规模。[2] 相较于直接将虚拟经济规模等同于金融业与房地产业的增加值之和的度量方式，这一方法可以更准确地反映虚拟经济的真实规模。与之对应的，实体经济规模的测度则存在广义和狭义之分。广义实体经济规模的测度以国民经济行业分类（GB/T 4754—2017）为标准，将 GDP 扣除金融业、房地产业的增加值视为替代量；狭义实体经济规模的度量则以 MPS 中"物质生产"理念为依据，强调"生产性与非生产性"的区分，将制造业增加值作为度量指标。[3] 由于本书认为实体经济是涉及商品和服务生产、流通等循环为中介的价值增殖活动，故选用广义实体经济规模测度方式。此外，为了反映经济活动重心在两部门之间的可能转变，基于数据可得性和代表性原则考虑，参照学者们较为广泛采用的度量方法，

---

  [1] 许光建、吴珊：《如何看待当前实体经济的发展》，载于《价格理论与实践》2017年第3期。

  [2] 成思危、李平、刘骏民：《虚拟经济在中国的发展》，科学出版社2016年版，第95页；石凯、彭刚、朱莉：《中国经济虚拟化问题的测度——基于SNA的视角》，载于《山西财经大学学报》2020年第7期。

  [3] 刘晓欣、刘骏民：《虚拟经济的运行方式、本质及其理论的政策含义——马克思逻辑的历史延伸》，载于《学术月刊》2020年第12期。

第五章　中国特色社会主义金融实践：金融服务于实体经济发展

用两部门就业相对份额、金融和房地产业增加值以及工业增加值对 GDP 的贡献率分别代表虚拟经济、实体经济在国民经济中的比重。①

其次，为了大致度量虚拟经济中回流至实体经济价值创造领域的虚拟资本规模，从而判断虚拟经济是否不以服务实体经济为目的而进行活动，而不断扩大自我循环的规模，学者们通常采用资金关联和产业关联两类指标。前者主要包括社会融资规模、实体经济部门宏观杠杆率以及银行贷款总额等指标，②后者则多是通过投入产出分析具体测算虚拟经济为实体经济提供的产品和服务的价值量。③其中，社会融资规模是衡量实体经济从金融市场获取资金数量的指标，由于其测算扣除了金融体系内部的交易规模，因而能较为真实地反映虚拟经济运转所动员的流向实体经济产业资本循环的资金量，衡量金融服务实体经济的能力及水平。而宏观杠杆率则是衡量社会债务增速与经济增速变动的指标，可以较为客观地反映信贷扩张与生产扩大的关系。本部分将重点选用社会融资规模、宏观杠杆率等指标对我国实体经济与虚拟经济是否存在良性循环关系进行具体分析。

最后，由于经济"脱实向虚"意味着虚拟资本与产业资本的运动明显失衡，实体经济的生产不能保证"资本回流确有保障"，因此逐利性资本不断流向虚拟经济领域自我循环，从而引发虚拟经济规模扩张与实体经济生产利润率下滑同步且持续存在。其中，对于实体经济整体发展状况的描述，较为具有代表性的指标有产能利用率、工业企业营业收入利

---

① 刘骏民、李凌云：《世界经济虚拟化中的全球经济失衡与金融危机》，载于《社会科学》2009 年第 1 期；Palley, Thomas I, "Financialization: What it is and Why It Matters", *Working papers*, Vol. 26, No. 9, 2007; Krippner, Greta R, "The Financialization of the American Economy", *Socio Economic Review*, Vol. 3, No. 2, 2005；张慕濒：《全球化背景下中国经济的金融化：涵义与实证检验》，载于《世界经济与政治论坛》2013 年第 1 期。

② 肖磊：《信用创造、虚拟资本与现代经济运行——兼论我国实体经济与虚拟经济的关系》，载于《当代经济研究》2019 年第 12 期；Leung D, Secrieru O, "Real - Financial Linkages in the Canadian Economy: An Input - Output Approach", *Economic Analysis（EA）Research Paper Series*, 2011.

③ 孙红燕、王雪敏、管莉莉：《金融"脱实向虚"测度与影响因素研究——基于全球价值链的视角》，载于《国际金融研究》2020 年第 9 期。

润率、固定资产投资率等。① 依据这些替代性指标的发展趋势，可大致推断我国经济中虚拟资本运动与产业资本循环周转的动态关系。同时，为了描述虚拟资本的自膨胀性和虚拟经济的快速扩张趋势，金融相关率（FIR）、货币化程度（M_2/GDP）、金融资产占总资产份额、股票成交金额、上证综合指数等指标②被广泛使用。

结合马克思主义视角下经济"脱实向虚"的判定标准以及现有宏观统计口径下马克思主义学者对于经济"脱实向虚"趋势的描述分析，本部分从我国当前价值积累的主体性、虚拟经济服务实体经济的能力以及实体经济和虚拟经济扩张发展趋势三方面选取相关指标，进而探讨我国当前的经济运行状态是否已然符合马克思主义视角下"脱实向虚"的判定标准，具体指标的选择如表5-1所示。

表5-1　　　　　经济"脱实向虚"趋势衡量指标的选择

项目	一级指标	二级指标
价值积累主体性	部门发展	实体经济增加值/GDP、虚拟经济增加值/GDP
	就业结构	实体经济就业人数占比、虚拟经济就业人数占比
虚拟经济对实体经济的服务能力	融资水平	社会融资规模
	信贷扩张	宏观杠杆率
实体经济和虚拟经济的扩张发展趋势	经济虚拟化程度	金融相关率（FIR）、货币化程度（M_2/GDP）、金融资产占总资产份额
	生产盈利能力	工业企业营业收入利润率、工业产能利用率

虽然这些指标无法精确地描述马克思主义理论视角下实体经济和虚拟经济的定量关系，但在现行的统计口径之下，仍具有一定的代表性，对于把握我国实体经济和虚拟经济的辩证发展关系，从而回答经济是否

---

① Engelbert Stockhammer, "Financialisation and the Slowdown of Accumulation", *Cambridge Journal of Economics*, Vol. 28, No. 5, 2004；王国刚：《金融脱实向虚的内在机理和供给侧结构性改革的深化》，载于《中国工业经济》2018年第7期。

② Mckinnon R I, *Money and Capital in Economic Development*, Washington：Brookings Institution Press, 1973；陈享光、郭祎：《中国金融化发展对实体经济的影响》，载于《学习与探索》2016年第12期；Costas Lapavitsas, *Financialisation in Crisis*, Leiden：Brill, 2012.

第五章　中国特色社会主义金融实践：金融服务于实体经济发展

"脱实向虚"提供了很好的分析工具。

（四）"脱实向虚"与"金融化"发展的制度背景及可规避性辨析

"金融化"是国外马克思主义学者用以分析当代发达资本主义国家经济领域新变化的核心范畴，[①] 而"脱实向虚"则是在我国社会主义市场经济改革中产生的特有名词。二者在现象层面上存在相似性，但由于产生的经济制度基础不同，也存在本质差别。

首先，就"金融化"与"脱实向虚"的共性而言：第一，二者在现象层面上都表现为，伴随着实体经济利润率的下降，大量资本脱离生产领域进入金融领域寻求增殖，使得金融部门获得了高度独立性，背离实体经济完成大规模的自我循环和扩张。金融部门在经济运行中的地位不断提升，甚至成为社会财富积累的主导力量。第二，经济"脱实向虚"的主要原因和发达国家金融化现象相似。一是由于实体经济一般利润率下降，拉大了实体经济和虚拟经济的投资回报率差距，此时逐利性资本有向其他领域寻求更高收益率的趋势；二是虚拟资本的价值可以独立于现实资本的价值而运动，且其积累甚至可以在没有任何现实资本积累的条件下，单纯借由各种纯技术性的手段来实现，加之虚拟资本的交换不遵循价值规律，因而虚拟经济可以通过不断创造"价值符号"，运用信用手段管控风险，提高虚拟资本预期货币收益，使得虚拟经济的预期货币收益率超过实体经济利润率；三是由于金融市场监管的不到位，使得实体经济中的资金可以大量、自由地流向虚拟经济并滞留其内部自我循环。

其次，从"金融化"与"脱实向虚"的差别来看：第一，二者所提出的经济制度背景不同。"金融化"是资本主义经济制度内在积累矛盾深化的外在表象，是金融与实体经济的关系从自由竞争时期的支持与依附，

[①] 马慎萧：《资本主义"金融化转型"是如何发生的？——解释金融化转型机制的四种研究视角》，载于《教学与研究》2016年第3期。

到垄断资本主义时期的主导与融合，再到全面控制与背离的演变。因此，制度性因素对于资本积累体制转变具有决定性作用，即资本主义制度的内在矛盾是金融化转型发生的本源，有其内生性和必然性。[1] 由于"资本家阶级的本质利益受到细心的保护"[2]，资本的逐利性在市场化、私有化的推行中不断强化，表现为"一切资本主义生产方式的国家，都周期地患一种狂想病，企图不用生产过程作中介而赚到钱"[3]。但是，"脱实向虚"作为我国社会主义市场经济发展探索过程中产生的特有名词，并非制度内在积累或生产关系矛盾深化的表现，其提出主要基于国际金融危机影响和国内经济运行结构性矛盾凸显这一现实背景，[4] 是在金融危机这一外因以及供给侧、结构性矛盾这一内因[5]相互作用之下所引发的"实体经济利润率下滑、虚拟经济快速发展"的隐忧，换言之，是我国在社会主义市场经济改革过程中所需要规避的问题。这是因为我国尚处于社会主义初级阶段，仍需要引入包括私有制在内的多种所有制，充分利用"资本的生产力"[6]，发挥市场经济的长处。因此，资本的逐利性也存在引发经济"脱实向虚"的内在趋势。但中国特色社会主义市场经济与资本主义市场经济存在根本性的区别，即对于市场机制的积极利用是在国家宏观调控的框架下进行的。同时，市场经济和公有制的有机结合是社会主义市场经济的核心，这就决定了资本仍要服从于社会主义生产的需要，而非资本主义制度下用以加深剥削和维护资本家阶级的本质利益的手段，因而以虚拟资本独立运动为核心的积累体制形成受限。那么，将"脱实

---

[1] 谢长安、俞使超：《资本主义经济金融化：内涵、形态与实质》，载于《当代经济研究》2017年第8期。

[2] 伊藤·诚，考斯达斯·拉帕维查斯：《货币金融政治经济学》，孙刚、戴淑艳译，经济科学出版社2001年版，第323页。

[3] 《马克思恩格斯文集》（第6卷），人民出版社2009年版，第67～68页。

[4] 刘晓欣、田恒：《中国经济从"脱实向虚"到"脱虚向实"——基于马克思主义政治经济学的分析视角》，载于《社会科学战线》2020年第8期。

[5] 中共中央文献研究室编：《习近平关于全面建成小康社会论述摘编》，中央文献出版社2017年版，第50页。

[6] 《马克思恩格斯文集》（第7卷），人民出版社2009年版，第53页。

第五章　中国特色社会主义金融实践：金融服务于实体经济发展

向虚"与"金融化"混用的观点,① 实际抛开了我国社会主义制度优于资本主义制度的特殊性,因而无法准确把握二者的本质差别。

第二,"金融化"与"脱实向虚"发展的可规避性和可控性存在差别。在资本主义生产方式下,"谋取利润的无休止的运动"② 作为资本的直接目的,必然驱使其突破一切物质束缚而寻求无限增殖。因此,金融化的趋势实际内源于资本自身,③ 是与资本逐利本性相适应的运动形式不断发展,从而不断突破增殖性和流动性束缚的必然结果。加之内生于资本主义生产方式的诸如一般利润率趋于下降、生产与消费、社会生产无政府状态等矛盾,都意味着收入分化、停滞以及危机等各种非效率、反效率结果内蕴于资本主义制度之中,以美国为首的发达资本主义国家无力重建以产业资本循环为核心的积累体制,实现"再工业化"逆转金融化趋势,④ 即金融化是资本主义制度无力解决的问题。而中国特色社会主义市场经济的建设,是公有制与市场经济的有机结合。此时,虽然生产力的发展仍需发挥私有资本的重要作用,一定程度上也会导致各种资本主义经济规律产生影响,⑤ 资本也存在脱离产业资本循环而独立运转的趋势。但是,一方面,我国公有制为主体、多种所有制经济共同发展的基本经济制度,不同于资本主义经济制度,是公有资产占优势,充分利用"资本的生产力"并确保国有经济控制国民经济命脉,保护劳动者基本权益的经济制度。⑥ 这意味着在"资本的生产力"发展的同时,重要行业和

---

① 盛明泉、汪顺、商玉萍:《金融资产配置与实体企业全要素生产率:"产融相长"还是"脱实向虚"》,载于《财贸研究》2018年第10期;戴赜、彭俞超、马思超:《从微观视角理解经济"脱实向虚"——企业金融化相关研究述评》,载于《外国经济与管理》2018年第11期。

② 《马克思恩格斯文集》(第5卷),人民出版社2009年版,第179页。

③ 李连波:《虚拟经济背离与回归实体经济的政治经济学分析》,载于《马克思主义研究》2020年第3期。

④ 张晨、冯志轩:《再工业化,还是再金融化?——危机后美国经济复苏的实质与前景》,载于《政治经济学评论》2016年第6期。

⑤ 吴宣恭:《坚持和完善社会主义初级阶段的基本经济制度》,载于《政治经济学评论》2016年第4期。

⑥ 陈文通:《对中国特色社会主义经济制度的理论思考》,载于《中国特色社会主义研究》2012年第4期。

关键领域始终由国有经济占据支配地位。国有经济和国有资本对于市场经济具有强大的调控作用，使得与社会生产力发展要求相背离的过度逐利性资本得到适当节制。因此，虚拟经济固然存在脱离实体经济运转的自然趋势，但公有制与市场经济的结合决定了生产的目的并非资本主义市场经济下的利润最大化，而是国民福利最大化，[1] 从而引导资本更好服务于实体经济，突破再生产扩大的内在束缚和限制，巩固以产业资本运动积累为主导的积累体制。另一方面，中国特色社会主义市场经济在宏观调控上的优势，体现为有效市场和有为政府的结合，即在社会主义国家宏观调控之下，使市场对资源配置起决定性作用。与资本主义市场经济中的国家干预不同，社会主义市场经济既强调市场的调节作用，又强调政府的调控作用。[2] 因而能在保证市场主体活力的同时，克服市场经济固有的盲目性，充分发挥政府的纠偏功能，[3] 彰显社会主义制度的独特优势。如此，就能更好地利用宏观政策推动实体经济转型升级，引导资金流向实体经济领域。同时，在尊重市场经济客观规律的前提下，通过"看得见的手"有效监管资本流向及盲目逐利性，防止其大量脱离价值创造环节而在虚拟经济内部"自我循环"。这就意味着我国完全有能力控制和避免经济"脱实向虚"，振兴实体经济。

三、我国实体经济与虚拟经济的发展现状

"脱实向虚"本质上反映着资本对于流动性、增殖性以及投机性的追求，是在实体经济和虚拟经济矛盾运动中可能出现的一种宏观经济现象。

---

[1] 刘伟：《中国经济改革对社会主义政治经济学根本性难题的突破》，载于《中国社会科学》2017年第5期。
[2] 冯新舟、何自力：《中国模式中的市场与政府关系——政府主导下的社会主义市场经济》，载于《马克思主义研究》2015年第11期。
[3] 张新宁：《有效市场和有为政府有机结合——破解"市场失灵"的中国方案》，载于《上海经济研究》2021年第1期。

第五章　中国特色社会主义金融实践：金融服务于实体经济发展

在现实经济层面上，表现为以产业资本循环运动为核心的实体经济丧失主导地位，且虚拟经济不是以服务实体经济为目的进行活动，而是进行自我扩张式的资本和收入的占有与积累。因此，本部分旨在结合前文对于经济"脱实向虚"马克思主义视角的判定标准，将其纳入中国的经济现实中进行考察。选取货币化程度、产能利用率、社会融资规模等能反映实体经济和虚拟经济发展状态的指标，从宏观和部门层面上对二者的总量和结构关系进行经验性描述。同时，结合门限和VAR实证模型，对我国经济是否"脱实向虚"这一问题进行具体考察。

（一）虚拟经济的扩张趋势：虚拟资本积累的新变化

虽然近年来我国实体经济面临着内部结构性供需失衡以及外部与金融、房地产业结构失衡的问题，[①] 但在我国始终高度重视实体经济发展的战略和政策背景下，以创新为要义的供给侧结构性改革稳步推进，虚拟经济并未出现不可控的扩张。

1. 虚拟经济未出现明显不可控扩张

马克思主义金融理论认为，虚拟经济就是与虚拟资本运动相关的，借由信用体系进行的虚拟资产、价值符号、权利证书运动的经济活动，用马克思虚拟资本运动公式表示即为 $G-G'$。基于此界定对我国虚拟经济规模进行测度可以发现，经过20余年的发展，以股票、债券、证券投资基金、投资性房地产等具有"钱生钱"运动形式的虚拟资产总量来衡量的虚拟经济规模不断扩大，[②] 在经济运行中的重要性愈发凸显。具体来

[①] 中共中央文献研究室：《习近平关于社会主义经济建设论述摘编》，中央文献出版社2017年版，第114页。

[②] 基于马克思主义视角的虚拟经济概念界定，借鉴成思危、刘骏民等学者对于虚拟经济规模的测度方法来衡量虚拟经济规模。投资性贵重物品虽然也属于虚拟经济的组成部分，但由于目前还没有能够精确统计其规模的口径，且贵重物品的交易部分在虚拟经济总量中的占比很小，故而未将其虚拟交易部分纳入测度实践中。

看，我国虚拟经济规模从 1997 年的 47861.95 亿元增长至 2019 年末的 2384184.04 亿元，总体规模扩大了近 50 倍。其间，最高增长率达 54.3%，年均增速约为 20%，远高于 GDP 年均 12.8% 的增速（见图 5-2）。

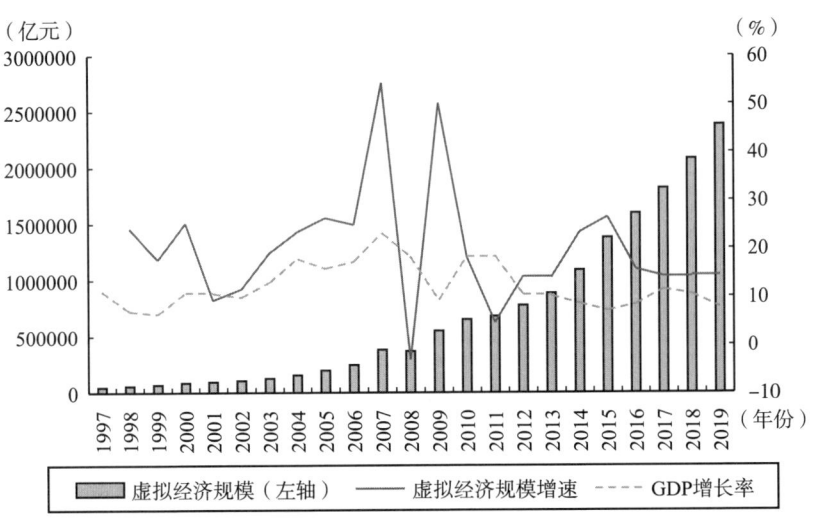

图 5-2 1997~2019 年我国虚拟经济规模、规模增速及 GDP 增长率
资料来源：CEIC 数据库。

2008 年国际金融危机爆发后，我国外向型经济发展受到冲击，虚拟经济增速出现了历史性的"大跳水"。随后，为了进一步拉动内需、激发经济增长活力，"四万亿"计划出台，通过取消对商业银行信贷规模的限制来加大金融服务实体经济的力度。由此，2009 年我国虚拟经济增速在 GDP 增速处于 9.17% 的水平，经历了由 -3.21% 到 50.13% 的大跨越。大规模流动性的注入，在撬动实体经济庞大融资需求的同时，也引发了资金涌入房地产、金融等虚拟经济领域寻求更快、更高增殖的现象，投机需求旺盛，房价快速上涨，增强了经济运行对于"房地产繁荣"的依赖性，经济"脱实向虚"的潜在压力显现。

不过，就我国而言，金融资源的配置整体是在政府宏观调控的框架下进行的，这不仅体现在对金融机构准入、退出以及金融业务和金融产品的行政管制上，也包括对获得金融资源主体的限制。也就是说，中国特色社会主义金融发展存在"国有金融部门主导"的独特市场经济制度

第五章　中国特色社会主义金融实践：金融服务于实体经济发展

基础，而非纯粹的金融自由化。政府对于金融资源配置机制的控制是动态的，① 从而能有效防止虚拟资本的过度积累。因此，2010 年后随着银信合作的规范，虚拟经济增速有所放缓，国内生产总值进入了高速增长时期。2012~2015 年，虽然虚拟经济增速又出现了回升趋势，但随着党的十八大指出要健全支持实体经济发展的现代金融体系、深化金融改革，针对银行"同业创新"的监管加强，打击非标准化债权资产工作不断推进，虚拟经济规模增速回落并稳定在 15% 的水平，金融"脱实向虚"的倾向及内部循环的状况得到了遏制。2017 年以来，围绕"服务实体经济、防控金融风险、深化金融改革"三项任务，金融监管政策迎来"落地潮"，"强实抑虚""引导金融回归本源"进一步取得成效。同时，中央不断强调"房住不炒"新定位，进行了多轮房地产市场调控，资金空转现象有所遏制。从这一现实发展走向来看，我国虚拟经济并未出现明显的不可控式扩张。

2. 经济虚拟化趋势逐步放缓

经济虚拟化②程度的加深与货币资本化及资本虚拟化紧密相关，在宏观层面上通常表现为金融体系规模的持续扩大、货币化程度的加深以及金融资产份额的持续增长。金融体系的快速扩张一方面拓宽了借贷资本、虚拟资本的活动范围和领域，强化了虚拟经济"以钱生钱"的运动形式和积累模式；另一方面借助于货币资本化，也把社会不同部门纳入积累轨道，使资本在不同形式上进行转换和积累。

2000 年以来，我国金融资产规模保持着稳定的增长趋势，从 2000 年

---

① 王晋斌、厉妍彤：《论中国特色社会主义金融发展与经济增长理论——中国金融发展与经济增长关系的政治经济学》，载于《政治经济学评论》2021 年第 1 期。
② 经济虚拟化是指虚拟经济不断扩张和深化的过程，表现为虚拟经济部门在国民经济中所占比例和重要性不断上升，其实质是虚拟资产的数量和交易不断膨胀的过程。参见刘骏民、李凌云：《世界经济虚拟化中的全球经济失衡与金融危机》，载于《社会科学》2009 年第 1 期；刘晓欣、梁志杰：《经济虚拟化降低了货币流通速度吗》，载于《经济与管理研究》2018 年第 4 期；鲁晓琳、郭琨、董志：《经济虚拟化背景下经济增长与通货膨胀的互动机制研究》，载于《管理评论》2018 年第 1 期。

的 56431.30 亿元增长至 2019 年的 1136664 亿元，资产总额整体翻了一番，年最高增长率达 25.4%，年均增长率为 17.2%，经济存在着向虚拟化发展的趋势①（见图 5-3）。这在一定程度上代表着对"未来生产的索取权或权利证书"② 积累规模的扩大。这种所有权证书形式上的积累，一方面会极大减少流通费用，缩短资本周转时间，加速产业资本循环，拉动 GDP 增长；另一方面这类资本的价值可以独立于现实资本的价值而运动，是收益资本化的表现，因而其投机性不可避免，即"权利证书"的快速积累在促进虚拟经济扩张的同时，也会增加市场的不稳定性。

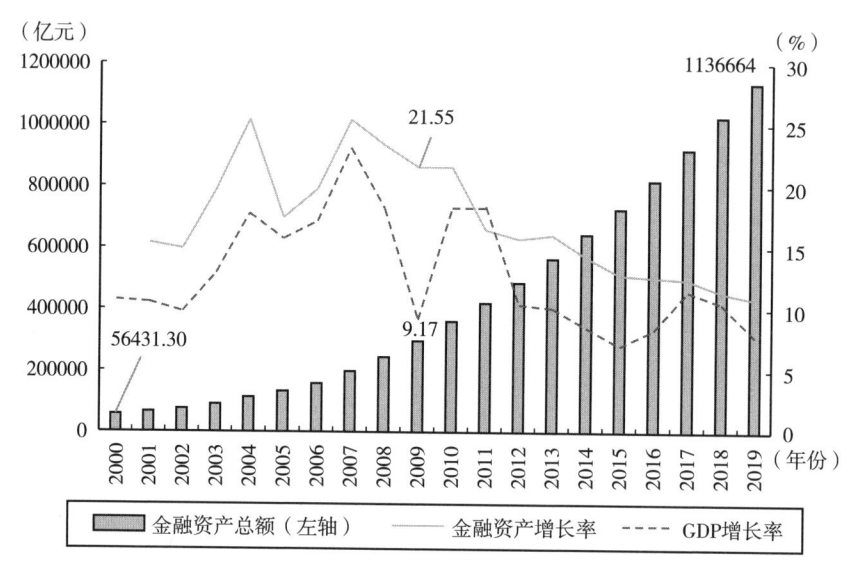

图 5-3　2000~2019 年我国金融资产总额、增长率及 GDP 增长率
资料来源：国家资产负债表研究中心。

从我国近十几年的情况可以看出，金融资产投资增长率总体上与 GDP 增长率保持着相对一致的变化趋势，说明金融资产规模的扩大发挥了对于社会价值积累创造的正向带动效应。但是，值得注意的是，金融资产投资增速在多数年份都快于 GDP 增长率，二者最大差值接近 12 个百分点。这表明，我国虚拟经济对于实体经济价值生产创造的服务比例仍

---

① 易纲、宋旺：《中国金融资产结构演进：1991-2007》，载于《经济研究》2008 年第 8 期。
② 《马克思恩格斯文集》（第 7 卷），人民出版社 2009 年版，第 531 页。

第五章 中国特色社会主义金融实践：金融服务于实体经济发展

有待提升。不过，可以看出，金融资产的投资增速在进入2010年以后呈现连续下降的趋势，尤其自2017年国务院金融稳定发展委员会成立以来，机构、职能以及行为监管相结合的监管体系不断完善，极大挤压了虚拟经济的套利空间，金融资产的投资增速显著回落，由此说明在强调"必须发展实体经济，不能脱实向虚"[①]的大背景下，我国宏观调控切实发挥了防止经济过度虚拟化的导向作用。

同时，作为虚拟经济发展程度的重要衡量指标，我国金融资产占比及金融相关率[②]表现为波动上升的发展趋势。金融资产总量在我国资产总额中所占比重在2000年突破50%的水平，即使在经历2008年国际金融危机后，依然保持增长势态（见图5-4），攀升至2016年将近66%的水平。这一资产结构性变化，一方面有其满足价值创造规模不断扩大的内在驱动因素；另一方面也存在着经济虚拟化程度加深、虚拟经济和实体经

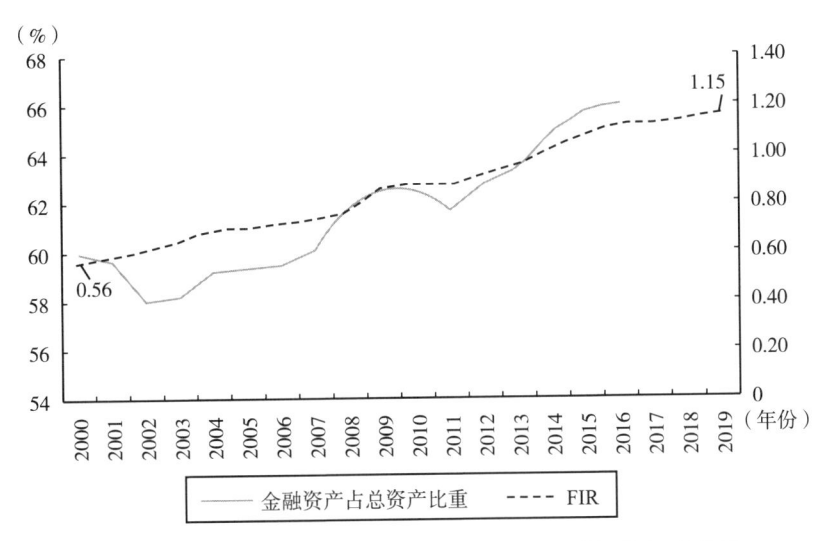

图5-4 2000~2019年我国金融资产占比及金融相关率（FIR）

资料来源：国家资产负债表研究中心及国家统计局。

---

① 《习近平在广西考察工作时强调扎实推动经济社会持续健康发展以优异成绩迎接党的十九大胜利召开》，载于《人民日报》2017年4月22日第1版。
② 部分研究将金融资产占比及金融相关率作为衡量经济"脱实向虚"程度的指标。其中，金融相关率为金融资产总值与GDP的比值。参见刘晓欣、宋立义、梁志杰：《实体经济、虚拟经济及关系研究述评》，载于《现代财经》2016年。

济发展不够协调的客观原因。整体而言，金融资产比重和金融相关率的上升所反映的是以虚拟资本运动为核心的虚拟经济对我国经济发展贡献度及整体地位的提升。

值得注意的是，2016年以后，金融相关率的攀升趋势有所放缓。为了进一步遏制金融"脱实向虚"、内部循环的状况，2017年底中央经济工作会议将"打好防范化解重大风险攻坚战"置于重要位置，围绕供给侧结构性改革的主线任务，着力促成金融、实体经济及房地产的良性循环。"强实抑虚"大背景下，金融监管协调的权威性和有效性增强，拆解影子银行、整顿地方政府隐性债务、降低金融杠杆率等工作有序推进。密集出台的"防风险、严监管"政策也加速了我国金融生态链的重塑进程。因而，在此阶段，货币政策、宏观审慎评估体系（MPA）和监管制度之间的协调配合不断增强，可以在坚持"稳中求进"发展基调的同时，更好地引导金融回归本源，服务实体经济的资本需要，遏制金融相关率的大幅度增长，提高金融风险防范能力。

随着现代经济的发展，商品的范围及种类不断延伸，大量有形、无形商品被纳入市场交易中，在拓宽货币购买对象及范围的同时也促成了货币化发展。尤其是2008年国际金融危机以来，我国M2供应量保持稳固的增长速度。这一方面是受到其他国家量化宽松货币政策外溢效应的影响，另一方面是出于"稳增长"的压力，中国人民银行多措并举，通过降息降准、各种流动性工具等手段扩张资产负债表，维持着我国总体较为宽松的货币环境。到2019年，M2供应总量已达到了1990年的近130倍（见图5-5）。与充裕流动性、低金融市场利率相伴随的是货币化程度提升。这一指标在经历2003~2007年的短暂下滑后，2008年一改颓势，再次呈现上升趋势，从1990年的80%逐步攀升至2019年的200%。

货币化程度的加深，一方面表明经济运行中货币需求的增加，另一方面也促进了信用体系和资本市场的建设，从而加速了货币资本化进程。但在我国"实体经济边际利润率和平均利润率下滑"的现实背景下，由于实体经济无法高效吸纳社会资金，流动性的快速增加也会使"大量资

第五章　中国特色社会主义金融实践：金融服务于实体经济发展

金流向虚拟经济"，导致"社会再生产中的生产、流通、分配、消费整体循环不畅"。① 这也就解释了我国货币化程度在 2008~2015 年间的快速攀升。与 20 世纪 90 年代出于社会有效需求扩大所导致的该指标的快速提升不同，这一阶段货币化程度的提高更多源于"大量游资寻求一夜暴富，在金融系统自我循环"②，而非实体经济生产领域货币需求的增加。

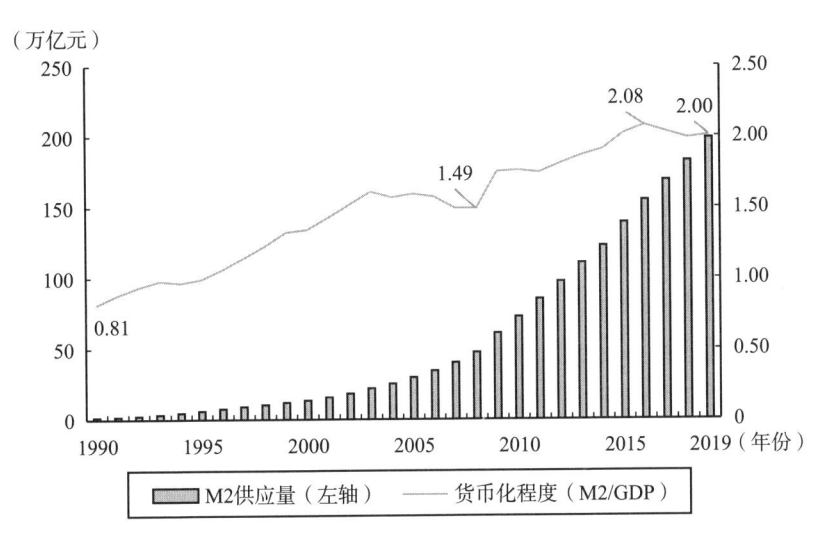

图 5-5　1990~2019 年我国 M2 供应总量及货币化程度

资料来源：国家统计局。

不过，随着 2015 年后供给侧结构性改革的深入，实体经济"调方式、转结构"不断推进，货币化程度出现了下降趋势，从 2016 年 208% 的最高值下降至 2019 年的 200%。一方面，我国从生产端入手的结构性改革释放了实体经济对于资金的需求，抑制了资产泡沫的持续扩大，流动性的增加得以更好地服务于实体经济生产需要；另一方面，时处"建设现代化经济体系"的高质量发展阶段，我国社会主义市场经济体制也在加快完善。双支柱调控框架和金融监管体系的健全、金融体制改革的

---

① 中共中央文献研究室：《习近平关于社会主义经济建设论述摘编》，中央文献出版社 2017 年版，第 90 页。
② 中共中央文献研究室：《习近平关于社会主义经济建设论述摘编》，中央文献出版社 2017 年版，第 114 页。

深化，以及利率市场化改革的推进等一系列措施，都切实增强了金融服务实体经济的能力，提升了资本周转效率。

（二）虚拟经济服务实体经济的能力：信用扩张的新趋势

虚拟经济内源于实体经济积累扩大的需要，是信用制度发展和收入资本化的必然结果。尽管虚拟经济可以发展得相当独立，但其根源还是实体经济，因而始终无法摆脱二者之间相互依存、相互制约的固有联系。马克思主义视角下"脱实向虚"的判定应满足虚拟经济不以服务实体经济为目的，而进行自我扩张式的资本、收入的占有与积累这一标准。但就我国具体情况来看，虚拟经济的信用扩张整体仍需适应于产业资本循环周转和再生产运动的要求，并未突破实体经济价值创造和积累所能支撑的范围。

1. 社会融资规模存量止跌回稳

虚拟经济的运行以虚拟资本的运动为基础，而虚拟资本迎合资本增殖性和流动性的运动方式，可以动员大量贮藏货币及货币资本流向实体经济，满足资本周转时间及生产性质不同的实体企业的融资需要，使存在于资本循环过程之外的积累货币更为及时高效地转化为追加资本。因此，可以根据虚拟经济运转所动员的流向产业资本循环的资金量，考察虚拟经济服务实体经济的能力。

就我国具体情况来看，总体上，社会融资规模增速[①]与 M2 增速有着大致相同的升降趋势，但前者的波动性更为明显，说明货币供应量的增大确实加大了虚拟经济服务实体经济的力度。[②] 同时，自 2008 年以来，

[①] 社会融资规模是指实体经济从金融市场获得的资金。由于该指标扣除了金融体系内部的交易行为，较真实地反映了资金从金融体系到实体经济的流向和结构，是衡量金融支持实体经济比较全面、客观的宏观指标。

[②] 许光建、吴珊：《如何看待当前实体经济的发展》，载于《价格理论与实践》2017 年第 3 期。

第五章　中国特色社会主义金融实践：金融服务于实体经济发展

社会融资整体规模较往年大幅上涨，从 69802 亿元增长至 2019 年的 256735 亿元。其间个别年份虽然出现了规模短暂下滑的趋势，但整体仍维持着 16% 的年均增速（见图 5-6），特别是进入 2015 年以来，随着宏观调控的重点转向结构性改革，社会融资规模存量出现了明显的回升态势，攀升至 2017 年的 261536 亿元，此后一直维持较高水平。

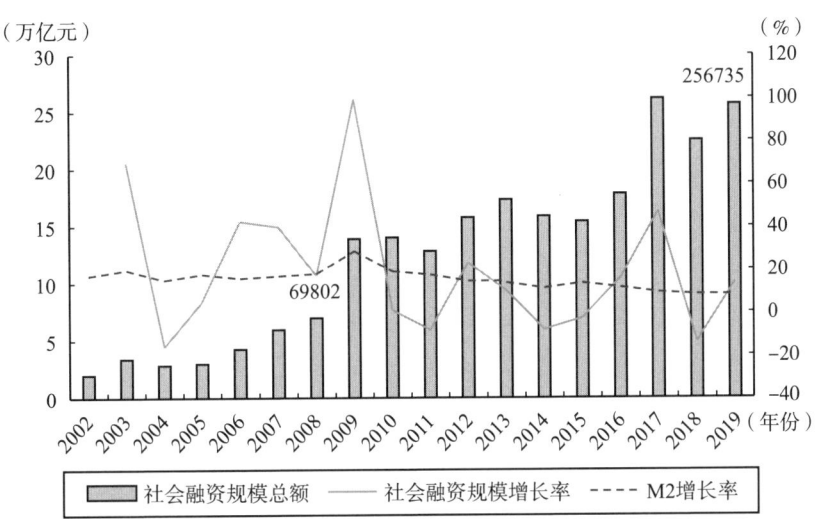

图 5-6　2002~2019 年我国社会融资规模增长率及 M2 增长率

资料来源：国家统计局。

这一方面说明供给侧结构性改革在化解过剩产能、助力实体经济转型升级方面取得了实质进展，宽松货币政策为实体经济的结构调整、动力转换提供了流动性支持；另一方面也表明，随着我国支持流动性增长和民营企业融资等方面政策力度的加大，资金回流实体经济的趋势有所显现。普惠金融以及银行监管体制改革工作的推进，发挥了引导虚拟经济回归本源的导向性作用，加大了虚拟经济对于实体经济，尤其是中小企业和民营经济的支持。经济增速的持续放缓并未引发实体经济的发展停滞或是虚拟经济的过度膨胀，社会融资总体呈现"量涨价缩"的向好趋势。当然，由于我国当前经济增速下行态势仍在延续，"三大失衡"[①]

[①] 中共中央文献研究室：《习近平关于社会主义经济建设论述摘编》，中央文献出版社 2017 年版，第 113 页。

137

问题依然存在，防止实体经济和虚拟经济"竞争性"放大而"合作性"削弱的压力也不可避免。

2. 金融去杠杆逐步转向稳杠杆

作为反映实体经济与虚拟经济关系的重要指标，① 宏观杠杆率水平的波动需要依据经济环境的变化维持在一个相对合理的区间，才能切实提升虚拟经济服务实体经济的能力，避免系统性金融风险。一方面，杠杆率的提升可以使生产和交易的扩张突破现有资本的制约，将产业资本循环周转中规律性游离出来的潜在货币资本集中动员起来，贷放给生产者用于扩大再生产；另一方面，因为信用的存在使得生产者在支配自有资本之余，还能在一定界限内绝对支配别人的资本、财产和劳动，② 由此就成为"生产过剩和商业过度投机的主要杠杆"③。

就我国宏观杠杆率的变化情况来看，自2008年以来，我国实体经济、金融及居民部门的杠杆率均有明显的提升（见图5-7）。但近年来宏观杠杆率总体企稳。2020年，实体经济部门杠杆率较去年上涨5%，而此前五年，实体经济部门杠杆率上涨幅度分别为13.6%、8.5%、12.8%、5.4%和-0.98%，可见去杠杆成效及企稳态势显著，这也为后续化解风险预留了政策空间。④ 此外，金融部门杠杆率在2016年达到峰值78%后开始回落，说明近五年来"防范化解重大风险""结构性去杠杆"攻坚战取得突破性进展，宏观杠杆率攀升趋势有所遏制，影子银行、房地产泡沫、地方隐性债务等风险也得到有效管控。同时，宏观审慎评估体系（MPA）借由资本充足率约束了杠杆过度扩张，叠加中性偏紧的货币政策，有效倒逼了"金融去杠杆"，金融体系运行更为平稳。

---

① 李正辉、王红云：《虚拟经济规模总量测度指标的适应性研究》，载于《统计与决策》2013年第9期。
② 《马克思恩格斯文集》（第7卷），人民出版社2009年版，第497页。
③ 《马克思恩格斯文集》（第7卷），人民出版社2009年版，第499页。
④ 国务院发展研究中心：《经济形势分析月报》，2019年第10期。

第五章　中国特色社会主义金融实践：金融服务于实体经济发展

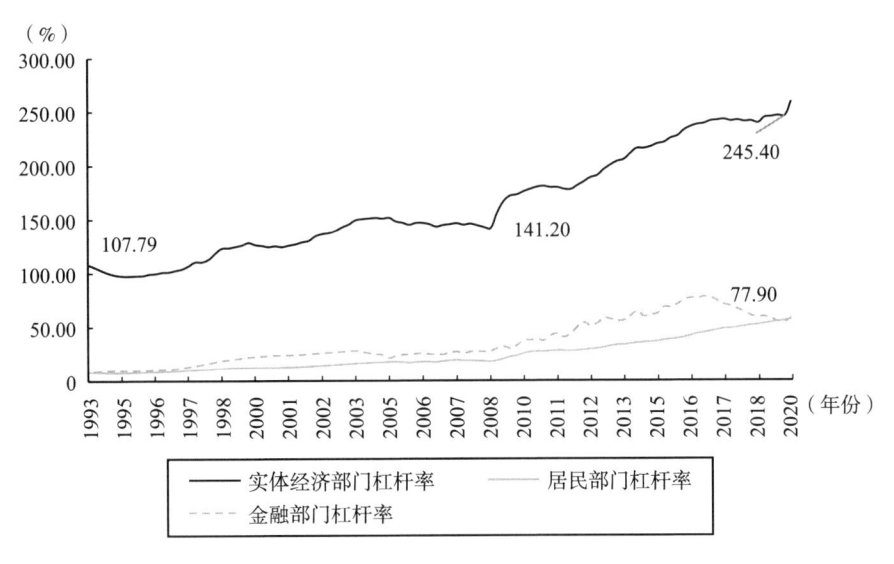

图 5-7　我国宏观经济杠杆率

资料来源：国家资产负债表研究中心。

参照国际债务周期和去杠杆的经验，结合过去两三年的政策走向，我国当前可能处在去杠杆的第二个时期，即"杠杆率"企稳或者缓慢下降，经济增速继续下行阶段。[①] 在此阶段，主要任务是"守住不发生系统性风险"，确保杠杆基本稳定或者略有下降，既要为实体经济发展提供充足的信用支持，加速产业资本循环周转，使信用扩张与再生产扩大的需要相契合，也要避免"投机的要素必然越来越支配交易"[②]，挤压用于生产经营的货币资本。此阶段过后，去杠杆所带来的紧缩效应会逐步消退，经济增速反弹，经济总量增长将快于债务增长。因此，从我国从"去杠杆"向"稳杠杆"过渡的政策走向来看，虚拟经济的信用扩张仍在"守住不发生系统性金融风险的底线"的政策目标下，并不符合经济"脱实向虚"的论断。

[①] 国务院发展研究中心：《经济形势分析月报》，2018 年第 9 期。
[②]《马克思恩格斯文集》（第 7 卷），人民出版社 2009 年版，第 544 页。

（三）实体经济的结构性改革：价值积累模式的新特征

从马克思主义政治经济学角度看，"脱实向虚"是虚拟资本绕过产业资本循环周转过程，滞留于虚拟经济内部寻求"自我循环、自我增殖"，不断增强其独立性和控制性以至形成内部积累机制，成为社会财富积累的主导部门。表现为实体经济与虚拟经济的关系，在发展中从"合作为主"向"竞争为主"演化。与美国不同，中国特色社会主义市场经济始终以振兴实体经济为国家经济核心发展模式，强调"实体经济是我国发展的本钱""强化金融服务功能"[①]。随着供给侧结构性改革主线任务的不断推进，政策的提振效应逐步显现，"三去一降一补"的改革成效突出，产业资本主导的积累体制实际得到巩固。

1. 实体经济价值积累的主导性巩固

"脱实向虚"涉及的是经济增长动力和积累模式的变化，即虚拟经济成为社会财富积累的主要渠道和动力，意味着以信用经济为基础的虚拟资本控制了经济的运行机制，成为经济的核心力量。就我国经济发展的具体情况来看，受全球经济结构调整及周期性、结构性因素的影响，我国实体经济增加值[②]增速波动性较大，2008年之后经历了短暂的高速增长时期，此后则呈现回落趋势。不过，增速在2015年触底后又出现回升，攀升至2017年的11.57%。这一阶段性变化反映了我国实体经济稳中向好趋势未变，"调结构、转动能"改革任务成效显现，实体经济对于社会价值积累的主导性有所增强。

而我国实体经济增加值对GDP的贡献率虽然自2008年以来呈现下降

[①] 习近平：《论把握新发展阶段、贯彻新发展理念、构建新发展格局》，中央文献出版社2021年版，第308页。

[②] 由于目前还没有基于马克思主义视角对实体经济规模进行精确统计的口径，出于数据的可获得性和代表性考虑，本部分借鉴成思危、黄群慧等学者对于实体经济规模的测度方法，实体经济增加值以国内生产总值扣除金融、房地产业增加值计算得出。

第五章　中国特色社会主义金融实践：金融服务于实体经济发展

趋势，但整体稳定在85%以上的较高水平，依然发挥了其支撑经济平稳运行的主体作用（见图5-8）。尤其是2015年以来，这一比重一改持续下降趋势，整体保持相对平稳的走向。反之，虽然虚拟经济增加值占GDP的比重逐年上升，从2008年的10.32%上涨至2019年的14.81%，但与实体经济相比，虚拟经济对于GDP的贡献率仍处于相对较低的水平，[1]并不足以成为价值积累的核心力量。这表明，我国经济中心并未从实体经济部门转向虚拟经济部门，财富的创造和积累仍然集中于以生产性职能资本积累为主体的实体经济领域。[2]

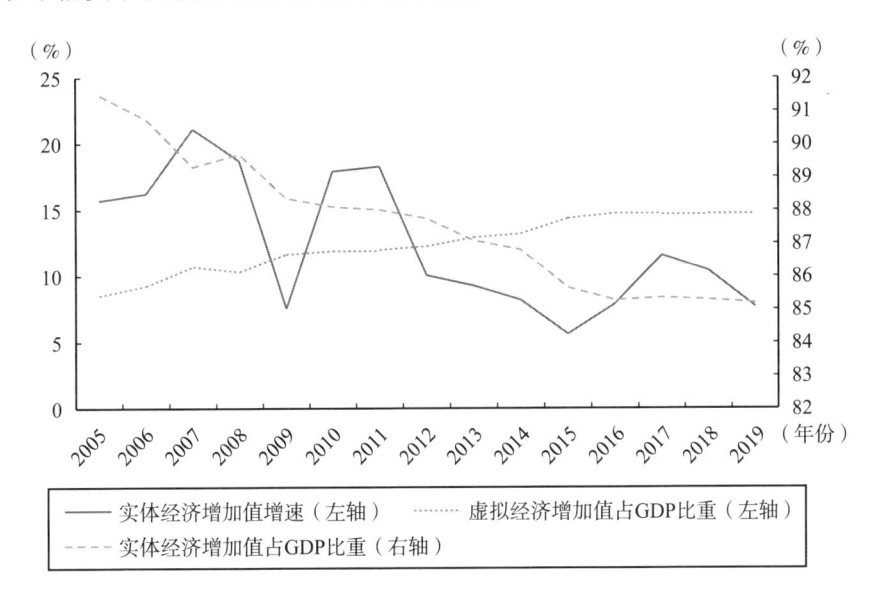

图5-8　实体经济增加值增速、虚实经济增加值占GDP比重
资料来源：CEIC数据库。

此外，从我国实体经济和虚拟经济的就业份额来看，虽然实体经济部门的就业人员在2013年达到1.71亿人就业规模峰值后，进入了缓慢下行区间（见图5-9），但这一阶段的就业规模仍显著大于此前年份的水平。2019年实体经济部门的就业人员总量为1.58亿人，就业人员占比为

---

[1] 成思危、李平、刘骏民：《虚拟经济在中国的发展》，科学出版社2016年版，第113页。
[2] 叶祥松、晏宗新：《当代虚拟经济与实体经济的互动——基于国际产业转移的视角》，载于《中国社会科学》2012年第9期。

92.22%。这一就业阶段性下降的背后是机器换人、市场分工深化、跨境产业转移等因素的复合效应,是现代经济发展规律之下就业结构优化的具体表现,实体经济依然发挥着"就业稳定器的功能"。而同一时期内,虽然虚拟经济部门就业人数占比保持着稳定的增长趋势,从 2003 年的 4.42%增至 2018 年的 7.78%,但与实体经济的就业吸纳能力相比则相差甚远。因此,实体经济仍然主导着我国的价值创造和资本积累,虚拟经济的发展仍需服务于实体经济生产规模扩大的需要。

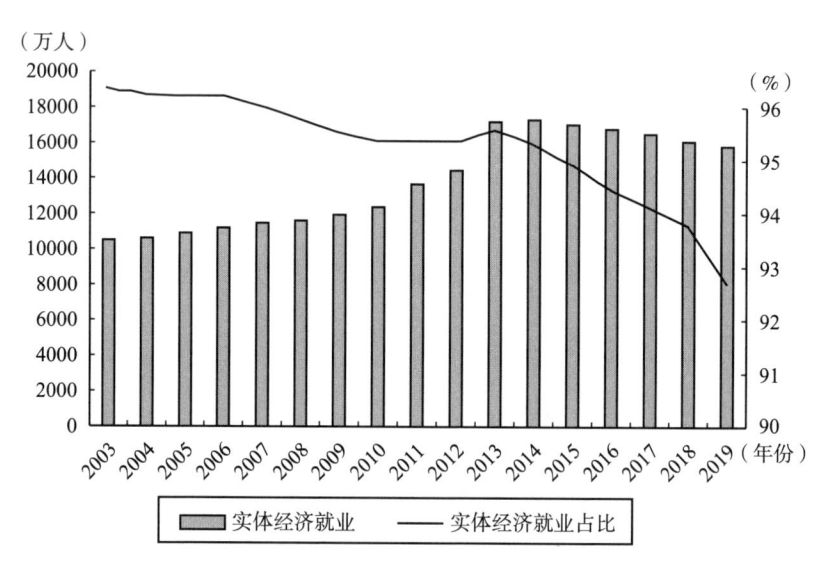

图 5-9 2003~2019 年我国实体经济就业规模及实体经济就业占比
资料来源:CEIC 数据库。

2. 去产能补短板改革任务成效显著

实体经济的角色在于,将经由虚拟经济获得的资本作为实际使用的资本投入生产领域,进行产业资本的循环运动以实现价值增殖,从而确保产业资本得到最充分的动用,"资本回流确有保障"[①]。作为衡量产业资本运用效率的重要指标,近年来我国工业和制造业的产能利用率水平除

---

① 《马克思恩格斯文集》(第 7 卷),人民出版社 2009 年版,第 546 页。

第五章　中国特色社会主义金融实践：金融服务于实体经济发展

2019年下半年出现非正常"断崖式"下滑外，总体维持在76%~78%（见图5-10），高于2015年以前72%~76%的水平，已经接近79%~83%的正常值要求范围。[1]

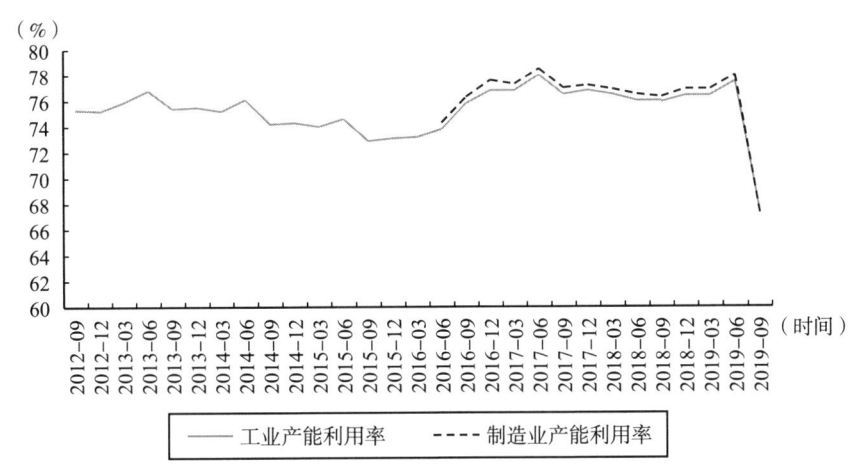

图5-10　2012~2019年我国工业产能利用率和制造业产能利用率

资料来源：CEIC数据库。

具体来看，随着供给侧结构性改革在实体经济领域不断聚力，我国的产能利用率水平在2016~2017年经历了较快提升，最高值达78.5%。较高的产能利用率表明，我国的实体经济领域不仅制造业企业活跃度高，采矿业等企业同样保持了较高的活跃度。[2] 实体经济价值创造活跃度的提高，会使资本循环周转中游离出来的货币资本借由信用体系转化为借贷资本或虚拟资本形式，重新回流至实体经济的生产过程中，参与价值创造环节，而非滞留于虚拟经济内部进行"自我循环"，从而制约实体经济与虚拟经济的相对独立性。

同时，产能利用率恢复到较高水平，也说明有效化解过剩产能、推动产业结构优化升级取得阶段性进展，诸如煤炭、钢铁、水泥、焦炭等部分资本密集型产业产能盲目扩张、流动性过剩等问题有所改善。此外，

---

[1] 韩国高、高铁梅、王立国：《中国制造业产能过剩的测度、波动及成因研究》，载于《经济研究》2011年第12期。

[2] 国务院发展研究中心：《经济形势分析月报》，2019年第8期。

随着"僵尸企业"以低借款平均利率占用大量银行贷款和政府财政问题的改善，资本配置效率得到提升。同时，也推进了"融资难、融资贵"问题的解决，实体经济融资成本降低。与经济"脱实向虚"下实体经济持续萎缩、生产资本利用效率不断下降的情况不同，我国实体经济的发展总体呈现向好趋势。整体来看，破除无效供给、优化供给质量等改革的推进，巩固了产业资本主导的价值积累模式。①

当实体经济利润率不断趋于下降时，会进一步拉大虚拟经济和实体经济的投资回报率，此时，资本作为"天生的平等派"，会增强其脱离生产领域而借由虚拟经济寻求更快、更多增殖的动机。② 从这一意义上来说，"脱实向虚"表现为实体经济利润率的持续下降和虚拟经济规模的持续膨胀。作为衡量实体经济盈利能力的核心指标，我国工业企业的营业利润率自2008年以来并未出现持续下降的态势，而是降中有升。近五年来年均利润率整体维持在6.16%的较高水平，平稳发展的基础较好（见图5-11）。2011~2015年，由于工业生产者出厂价格（PPI）持续走强的负增长趋势，营业收入利润率进入了下行区间，从7.6%回落至5.76%。此后，随着国务院出台系列减税降费的政策，③ PPI走势反转，工业企业利润率在2015年触底后开始回升。在这个阶段，供给侧结构性改革的推进也为我国实体经济的转型升级注入了新动力，表现为高新技术产业占比及其对实体经济增加值的贡献率稳步提升，新产业、新业态、新模式发展迅猛，激发了实体经济在更高层次上推进"调整存量、做优增量"的活力。同时，国有企业作为供给侧结构性改革的生力军，随着其结构调整、布局优化的不断推进，也增强了经济发展的新动能。总体来看，虽然实体经济仍面临下行压力，但企稳回转基础相对牢固，依然

---

① 王守义、陆振豪：《以虚拟经济促进我国实体经济发展研究》，载于《经济学家》2017年第8期。
② 肖磊：《信用创造、虚拟资本与现代经济运行——兼论我国实体经济与虚拟经济的关系》，载于《当代经济研究》2019年第12期。
③ 王国刚：《金融脱实向虚的内在机理和供给侧结构性改革的深化》，载于《中国工业经济》2018年第7期。

第五章 中国特色社会主义金融实践：金融服务于实体经济发展

维持着价值积累的主导性。

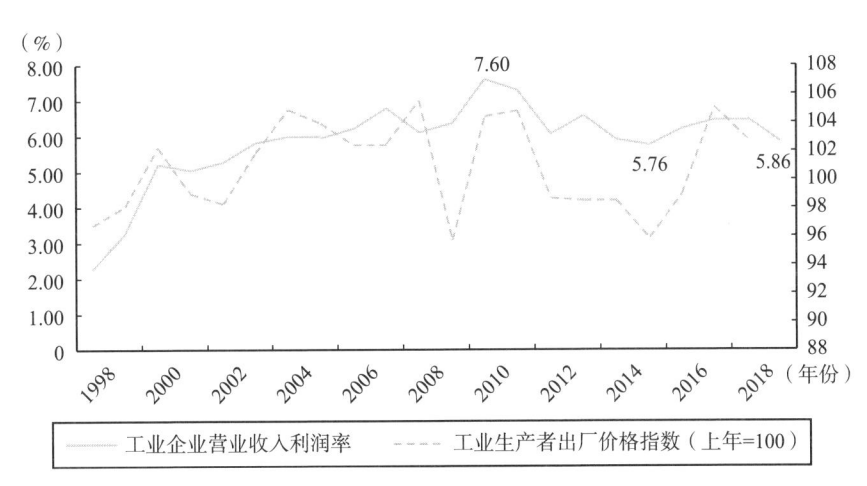

图 5-11　1998~2018 年我国工业企业营业收入利润率与工业生产者出厂价格指数

资料来源：CEIC 数据库。

通过对我国实体经济与虚拟经济发展、互动状况的经验性分析可知，虽然近年来我国实体经济面临着内部结构性供需失衡以及外部与金融、房地产业结构失衡的问题，但在我国不断推进深化供给侧结构性改革与扩大内需战略的背景下，整体而言，经济运行存在"脱实向虚"的潜在压力，但未出现"脱实向虚"的极端经济现象。

首先，从我国经济虚拟化发展的趋势来看，随着我国实体经济生产规模的扩大，以虚拟资本运动为核心的虚拟经济对我国经济发展的贡献度也不断提升。这一方面源于社会价值生产扩大的需要，另一方面也加大了虚拟经济系统自我循环的可能。不过，近年来无论是金融资产投资增速还是货币化程度都出现了连续下降趋势，说明在强调"经济不能脱实向虚"的大背景下，"国有金融部门主导"的独特市场经济制度基础，发挥了政府对于金融资源配置机制的宏观调控作用，从而能有效防止虚拟资本的过度积累。同时，货币政策、宏观审慎评估体系（MPA）和监管制度之间的协调配合不断增强，因而可以在坚持"稳中求进"发展基调的同时，更好地引导金融回归本源，防止经济虚拟化程度的快速攀升，提高金融风险防范能力。整体而言，我国虚拟经济并未呈现"脱实向虚"状态下不可控的膨胀式发展。

其次，虚拟经济仍以服务实体经济为目的而进行活动，其服务实体经济的能力整体有所提升。一是随着宏观调控的重点转向供给侧结构性改革，化解过剩产能、助力实体经济转型升级等工作取得实质性进展，释放了实体经济对于资金的需求，社会融资总体呈现"量涨价缩"的向好趋势，资金回流实体经济的趋势有所显现。二是"强实抑虚""引导金融回归本源"取得成效。随着"防范化解重大风险""结构性去杠杆"不断推进，宏观杠杆率迅速攀升、金融内部循环的状况得到了遏制。同时，金融监管在宏观审慎管理和微观行为监管方面协调配合，拆解影子银行、整顿地方政府隐性债务、降低金融杠杆率等工作也有序推进。因而在此阶段，虚拟经济的信用扩张仍在"守住不发生系统性金融风险的底线"的政策目标下，这并不符合经济"脱实向虚"的论断。

最后，实体经济依然处于社会财富创造积累的主体地位。经济增速的持续放缓并未引发实体经济的发展停滞。2008年国际金融危机爆发以来，实体经济增加值对GDP的贡献率整体仍稳定在85%以上的较高水平，发挥着支撑经济平稳运行的主体作用及就业稳定器的功能。同时，去产能补短板成效显著，产能利用率恢复到较高水平，实体经济价值创造活跃度提高。此外，工业企业的营业利润率降中有升，与经济"脱实向虚"下实体经济利润率的持续下降并不相符。结合所建立的门限模型和VAR实证模型回归结果来看，一方面，虚拟经济对实体经济的发展并未出现显著的从促进向抑制的转变趋势；另一方面，虚拟经济仍较好地服务于实体经济的生产需要。无论是融资规模的扩大、股票市场的发展还是银行信用的扩张，总体仍发挥着改善实体经济盈利状况的积极作用。不过，值得注意的是，尽管我国实体经济平稳发展的基础较好，仍需妥善应对下行压力，经济运行依然存在"脱实向虚"的压力。

第六章 Chapter 6

初步的结论与探索的方向：马克思主义金融理论的中国化时代化发展

正确认识和把握马克思主义金融理论的发展，对于探索中国特色社会主义金融道路、坚持和完善社会主义市场经济体制具有重要理论和现实意义。中国坚持和发展中国特色社会主义，创造了中国式现代化新道路，创造了人类文明新形态。中国式现代化开辟的现代性发展道路，既体现了世界各大文明发展的规律性和普遍性，又包含了中华五千年文明独特的伦理底蕴，实现了对传统资本逻辑的超越。在社会主义市场经济实践中发展的马克思主义金融理论，具有鲜明的中国特色与时代特征。

一、初步的结论：保障金融服务实体经济的优势与挑战

2008年国际金融危机爆发以来，虚拟经济、实体经济以及"脱实向虚"等范畴不断被纳入研究框架，国内学者围绕实体经济与虚拟经济的界定、辩证关系以及"脱实向虚"的定义、表现及动机展开了大量研究。不过，对于"脱实向虚"马克思主义理论视角下的界定及其与资本主义国家金融化现象异同辨析的研究则较少。此外，部分研究直接将我国经济"脱实向虚"作为研究背景或条件，围绕其表现和发生机制展开论述。

显然，存在"脱实向虚"的压力和经济"脱实向虚"是两种截然不同的情形，前者意味着风险仍可控，后者则为既定现象。因此，在未明确论证我国经济是否"脱实向虚"之前，参照资本主义国家所出现的金融化现象，抛开中国特色社会主义经济制度的独特性，直接对经济"脱实向虚"的动机及机制展开研究，其合理性仍待商榷。

基于上述理论和现实背景，本书从产业资本与虚拟资本的矛盾运动中，把握实体经济和虚拟经济的辩证关系，对经济"脱实向虚"的内涵进行马克思主义视角的阐释并明确其判定标准；同时，辨析"脱实向虚"与"金融化"在发展的制度背景以及可控性上的本质区别。此后，将经济"脱实向虚"的判断标准纳入我国经济现实中，结合相应的经验性分析和实证模型，具体回答我国经济是否"脱实向虚"这一问题。研究认为，首先，制度优势为避免经济"脱实向虚"提供了有效保障，市场经济和公有制、有效市场和有为政府的有机结合决定了我国完全有能力控制和避免经济"脱实向虚"，振兴实体经济；其次，依据马克思主义视角下对经济"脱实向虚"的判断标准来看，我国经济并未"脱实向虚"，实体经济依然主导着国民财富的创造和积累，虚拟经济仍服务于实体经济再生产扩大的需要；最后，要警惕虚拟经济快速发展、实体经济增速下行所导致的经济"脱实向虚"的压力，不断巩固实体经济产业资本循环的绝对主导地位，实现实体经济与虚拟经济的良性循环依然任重道远。

（一）制度优势为避免经济"脱实向虚"提供有效保障

虚拟经济的发展是作为"天生平等派"的资本为了保持高增殖性，不断突破周期性、流动性及来源性限制的结果，其产生与实体经济再生产规模的扩大相适应，能够将社会再生产中周期性游离出的大量贮藏货币、准备金等潜在货币资本动员起来，使其更及时更迅速地回归实体经济的价值创造过程。但由于"虚拟资本的流动性带有最大程度的自由"[1]，因而虚

---

[1] 弗朗索瓦·沙奈：《金融全球化》，齐建华等译，中央编译出版社2001年版，第72页。

第六章　初步的结论与探索的方向：马克思主义金融理论的中国化时代化发展

拟经济又具备脱离实体经济独自扩张的可能。这也使得"脱实向虚"与资本主义国家的金融化现象存在表现和产生原因上的相似性，即二者的发生都与虚拟资本的交换不遵循价值规律，可以通过改变取得收益权利的可靠性而定价，并独立于产业资本而运动相关。

但是，"脱实向虚"作为我国社会主义市场经济改革过程中可能出现的宏观现象，在经济制度基础、可规避性及可控性上与金融化存在本质区别。

第一，"脱实向虚"并非制度内在积累、生产关系矛盾深化的表现，而是在金融危机这一外因以及供给侧、结构性矛盾这一内因相互作用之下所引发的"实体经济利润率下滑、虚拟经济快速发展"的阶段性隐忧。中国特色社会主义市场经济对于市场机制的积极利用是在国家宏观调控的框架下进行的；同时，市场经济和公有制的有机结合是社会主义市场经济的核心。这就决定了资本仍要服从于社会主义生产的需要，金融的角色是服务于社会福祉所需的物质产品的生产，而非资本主义制度下用以加深剥削和维护资本家阶级的本质利益的手段。

第二，"脱实向虚"存在较之"金融化"发展的可控性和可规避性。金融资本固然存在脱离实体经济运转的趋势，但一方面，公有制与市场经济的结合决定了生产的目的是国民福利最大化，[1] 重要行业和关键领域始终由国有经济占据支配地位。国有资本、国有金融资本对于市场经济具有强大的调控作用，使得与社会生产力发展要求相背离的过度逐利性资本得到适当节制。因此，必然巩固以产业资本运动为主导的积累体制，振兴实体经济。另一方面，中国特色社会主义市场经济在宏观调控上的优势，体现为有效市场和有为政府的结合，既强调市场的调节作用，又强调政府的调控作用。因而能在保证市场主体活力的同时，克服市场经济固有的盲目性，充分发挥政府的纠偏功能，[2] 彰显资本主义经济制度所不可比拟的社会主义经济制度的优越性。也就是说，以美国为首的发达资本主义国家无力重建以产业资本循环为核心的积累体制，金融化是资本主义制度无力解决的问

---

[1] 刘伟：《中国经济改革对社会主义政治经济学根本性难题的突破》，载于《中国社会科学》2017 年第 5 期。

[2] 张新宁：《有效市场和有为政府有机结合——破解"市场失灵"的中国方案》，载于《上海经济研究》2021 年第 1 期。

题。但在中国特色社会主义制度下，我国完全有能力使虚拟经济在发展的同时更好地服务于物质生产领域的价值创造，避免经济"脱实向虚"。

（二）实体经济主导下金融资本扩张未必引发"脱实向虚"

目前许多学者基于我国市场经济改革中所出现的虚拟经济规模持续扩张、部分行业产能过剩等阶段性现象，对经济"脱实向虚"的命题进行分析和判断。[①] 从马克思主义虚拟资本运动的理论模型来看，在实体经济占主导的情况下，虚拟资本运动规模的扩张与产业资本运动规模的扩大是协调的。此时，实体经济与虚拟经济的关系以合作为主线。从产业资本循环周转中不断游离出来的潜在货币资本会借助信用系统转变为虚拟资本或者借贷资本，回流至生产领域实现价值的增殖。在此情形下，虚拟经济部门所获利润源于实体经济平均利润的分割。因此，虚拟经济的扩张也伴随着社会财富的真实积累。只要实体经济的价值创造及实现过程可以在扩大的规模上顺利进行，确保虚拟资本的增殖性，即使虚拟经济的发展速度相对更快，也未必会产生经济"脱实向虚"的隐患。因此，不能仅仅基于我国经济运行中所出现的虚拟经济规模持续扩大的现象，就轻率地论断我国经济"脱实向虚"。

同时，马克思主义视角下对于经济"脱实向虚"的判定应该满足以下条件：首先，虚拟经济部门成为增殖性活动的重心，实体经济丧失了在社会财富积累中的主导地位；其次，金融资本不以服务实体经济为目的而进行活动，不断扩大自我循环的规模；最后，实体经济生产利润率长期持续下滑与虚拟经济规模持续扩张的现象同步存在，即虚拟经济的

---

① 刘晓欣、张艺鹏：《中国经济"脱实向虚"倾向的理论与实证研究——基于虚拟经济与实体经济产业关联的视角》，载于《上海经济研究》2019年第2期；刘晓欣、刘骏民：《虚拟经济的运行方式、本质及其理论的政策含义——马克思逻辑的历史延伸》，载于《学术月刊》2020年第12期；肖磊：《信用创造、虚拟资本与现代经济运行——兼论我国实体经济与虚拟经济的关系》，载于《当代经济研究》2019年第12期；Leung D, Secrieru O, "Real-Financial Linkages in the Canadian Economy: An Input-Output Approach", *Economic Analysis (EA) Research Paper Series*, 2011；刘骏民、李凌云：《世界经济虚拟化中的全球经济失衡与金融危机》，载于《社会科学》2009年第1期。

第六章　初步的结论与探索的方向：马克思主义金融理论的中国化时代化发展

扩张进一步引发了实体经济的生产衰退。结合这一判定标准，具体考察我国实体经济与虚拟经济的发展现状可知，自进入工业化后期以来，实体经济面临着诸如平均利润率下滑、产能过剩等多重考验，[1]虚拟经济则经历了较快速增长。但整体而言，我国经济重心并未从实体经济部门转向虚拟经济部门，实体经济供求循环仍发挥着基础性作用，财富的创造和积累仍然集中于实体经济领域。虚拟经济对于 GDP 的贡献率仍处于相对较低的水平，[2]并不足以成为经济发展的核心力量。同时，供给侧结构性改革提升了虚拟经济服务实体经济的能力，也使得实体经济呈现稳中向好的发展趋势。我国经济运行并不符合马克思主义视角下经济"脱实向虚"的界定标准，即并未"脱实向虚"。

一方面，我国始终以振兴实体经济作为国家经济的核心发展模式，强调实体经济的根基作用，不断向振兴实体经济、引导金融回归本源聚力。政策的提振效应显现，"三去一降一补"的改革任务成效突出。推动产业结构优化升级、提升供给质量等改革任务取得阶段性进展。我们着力防范和化解金融风险，克服经济脱实向虚倾向，重点解决不良资产和泡沫风险，适应我国生产力发展现状的各项改革举措对于调节实体经济与虚拟经济合理比重发挥了重要作用。另一方面，金融监管则不断强化。近年来，"防范化解重大风险""结构性去杠杆"攻坚战取得突破性进展，银信合作不断规范，宏观杠杆率攀升趋势有所遏制，影子银行、房地产泡沫等风险也得到有效管控，虚拟经济规模也并未呈现不可控的膨胀式发展。同时，随着支持流动性增长和民企融资等方面政策力度的加大，资金回流实体经济的趋势有所显现，去杠杆逐步转向稳杠杆，这都无法为我国经济"脱实向虚"的论断提供支持。

（三）保障金融服务实体经济的良性循环任重道远

为应对 2008 年国际金融危机所导致的经济复苏乏力的困境，发达国

---

[1] 陆岷峰：《金融支持我国实体经济发展的有效性分析》，载于《财经科学》2013 年第 6 期。
[2] 成思危、李平、刘骏民：《虚拟经济在中国的发展》，科学出版社 2016 年版，第 113 页。

家先后实行了非常规的量化宽松"救市"政策，企图借助流动性的增加稳定金融体系并提振经济。但从长期来看，信用扩张在拉动实体经济产出及促进就业等方面的效果有限。资本的逐利性导致流动性在实体经济和金融部门非均衡分配，反而助长了金融资本的膨胀，让虚实经济发展的背离成为发达资本主义经济的"典型化"特征。① 在此国际循环弱化、内顾倾向上升，国内"三期叠加""四降一升"问题凸显的大背景下，虽然我国宏观调控有效限制了虚拟经济的过度发展，也难免面临实体经济与虚拟经济发展失衡的压力。一方面，实体经济规模虽然在快速工业化进程中实现了跨越式增长，但也面临着"深刻的供给侧、结构性、体制性矛盾"②。逆全球化趋势加剧、需求升级及技术变革同时发生，使得"许多生产能力无法在市场实现"。加上"四降一升"矛盾突出，引发"实体经济平均利润率下滑"③。另一方面，虚拟经济规模持续扩张，增加的货币资本部分留滞于虚拟经济内部寻求增殖，国内大循环中生产、流通、分配、消费尚未实现更高水平的动态平衡。

因此，处于当前结构性转型的关键时期，确有必要警惕经济"脱实向虚"的潜在压力。显然，无论是强调金融应回归本源、振兴实体经济还是创新发展战略，本质上都是为了有效打通实体经济和虚拟经济的循环堵点，促进二者更好地实现双向有效联动。因此，为了使虚拟经济更好地服务于实体经济价值创造的需要，坚守"经济发展任何时候都不能脱实向虚"的发展目标，进一步平衡两者发展尤显重要。发达经济体的实践表明，如果能有效平衡实体经济与虚拟经济的发展，虚拟经济就能有效促进经济发展并使之成为经济强国。而如果虚拟经济的发展超出实体经济价值积累创造所能支撑的界限，盲目扩张自我循环，则会引发停

---

① 苏治、方彤、尹力博：《中国虚拟经济与实体经济的关联性——基于规模和周期视角的实证研究》，载于《中国社会科学》2017年第8期。
② 中共中央文献研究室：《习近平关于社会主义经济建设论述摘编》，中央文献出版社2017年版，第91页。
③ 中共中央文献研究室：《习近平关于全面建成小康社会论述摘编》，中央文献出版社2016年版，第90页。

第六章　初步的结论与探索的方向：马克思主义金融理论的中国化时代化发展

滞、收入两极分化、危机甚至整个经济体系的衰落，意大利、荷兰、英国以及当前的美国就是这一现象的典型案例。

对于我国而言，一方面，要强化现实资本的积累，巩固产业资本循环对于社会财富积累的主导地位。避免资本在生产领域和非生产性领域过度失调配置，提升职能资本回报率以及实体经济部门的生产率，减少低端无效供给，推动产业结构优化升级。另一方面，也要对金融资本的积累进行适度管控，避免其不断绕过产业资本循环过程而进行独立扩张和积累。同时，为了规避国外虚拟资本过度积累对我国经济运行的影响，应避免对于外国货币、虚拟资产以及所有权证书的过度持有。尤其应予以重视的是，在规避经济"脱实向虚"的过程中，不能割裂实体经济和虚拟经济的辩证统一关系，更不能颠倒二者的关系。实体经济始终构成虚拟经济存在和发展的基础，但虚拟经济的发展有其必然性和重要性。因此，不能把实体经济与虚拟经济之间发展失衡的压力，作为限制房地产市场和资本市场发展的理由，应积极引导虚拟经济的发展为产业资本、借贷资本及虚拟资本的良性循环创造更为有利的条件。

二、探索的方向：新时代金融发展规律

马克思主义金融理论是马克思主义政治经济学的重要组成部分。如前文所述，在《资本论》等经典著作中，马克思层层深入、系统全面地考察了货币、货币资本、信用制度、生息资本、虚拟资本等范畴的演进和发展，重点研究了金融发展的一般规律与在资本主义生产方式中的特殊性、生产流通中金融活动的重要作用、金融与经济危机爆发的关系等问题，这些理论构成了马克思主义金融理论的核心内容。

党的十八大以来，党中央把马克思主义金融理论同当代中国具体实际相结合、同中华优秀传统文化相结合，努力把握新时代金融发展规律，持续推进我国金融事业实践创新、理论创新、制度创新，积累了宝贵经

验，逐步走出一条中国特色金融发展之路，这就是："坚持党中央对金融工作的集中统一领导，坚持以人民为中心的价值取向，坚持把金融服务实体经济作为根本宗旨，坚持把防控风险作为金融工作的永恒主题，坚持在市场化法治化轨道上推进金融创新发展，坚持深化金融供给侧结构性改革，坚持统筹金融开放和安全，坚持稳中求进工作总基调。"①

习近平总书记关于金融工作的重要论述是马克思主义金融理论的中国化时代化发展，是马克思主义政治经济学关于金融问题的重要创新成果，构成了习近平经济思想的金融篇，开拓当代中国马克思主义政治经济学新境界，为我们科学把握新时代金融发展规律、正确认识中国特色社会主义金融本质、探索中国特色金融发展之路、构建高水平社会主义市场经济体制提供了根本遵循和行动指南。

（一）服务实体经济发展是新时代金融发展的根本宗旨

2012年党的十八大报告提出，要"深化金融体制改革，健全促进宏观经济稳定、支持实体经济发展的现代金融体系"。2015年《中共中央关于制定国民经济和社会发展第十三个五年规划的建议》明确，"加快金融体制改革，提高金融服务实体经济效率"。2017年党的十九大报告更明确指出，要"深化金融体制改革，增强金融服务实体经济能力"。2018年，习近平在广东考察时强调"经济发展任何时候都不能脱实向虚"②。

新时代金融发展的根基是实体经济，要增强服务实体经济能力。金融只有在为实体经济服务中才能实现自身持续健康发展，新时代金融发展要把为实体经济服务作为出发点和落脚点。在经济高速增长阶段，金融业为实体经济服务有积极动力和有利条件，而在增速换挡阶段，相当多的实体产业回报率大幅下降，风险加大，使得金融业缺乏为实体经济服务的动力。

---

① 中共中央党史和文献研究院：《习近平关于金融工作论述摘编》，中央文献出版社2024年版，第12页。
② 习近平：《高举新时代改革开放旗帜 把改革开放不断推向深入》，载于《人民日报》2018年10月26日。

第六章　初步的结论与探索的方向：马克思主义金融理论的中国化时代化发展

但是，金融和实体经济是共生共荣的关系，金融如果热衷于自我循环、自我膨胀，就会变成无源之水、无本之木，只有在为实体经济服务中金融才能持续健康发展。当前，我国金融机构和金融体系总体上是健康的，但在内控管理、资产质量、服务水平、竞争能力等方面还存在诸多不适应实体经济发展的问题。因此，要坚持深化金融供给侧结构性改革，把发展经济的着力点放在实体经济上，推动实体经济供需结构平衡、循环畅通；要在市场化法治化轨道上推进金融创新发展，扎根于为实体经济服务、适应消费者和投资者需要进行金融创新；要健全多层次金融服务体系，壮大耐心资本，金融企业要改变不顾风险片面追求规模和利润的倾向，专注主业，提升服务实体经济的质量和水平；国有金融企业承担着稳定国家社会经济、提升防控风险能力的重要作用，因此特别要加强国有金融资本管理，完善现代金融企业制度和国有金融资本管理制度，重点支持制造业和中小微企业；要积极稳妥推动金融对外开放，高水平开放可以通过竞争机制促进金融业发展，提高我国金融资源配置效率和能力，增强国际竞争力和规则影响力，满足经济社会发展和人民群众需要。

新时代金融发展要防止经济"脱实向虚"。依据前文所述，虚拟经济的概念由马克思提出的"虚拟资本"衍生而来，信用体系将闲置资金转变为生息资本、催生了虚拟资本，虚拟经济逐步发展；虚拟经济内源于实体经济发展的需要，但是虚拟经济呈现绕开生产过程而进行独立扩张和积累的趋势，"生产更多货币的货币"[1]。近年来，随着我国经济循环格局的深度调整，在实体经济结构性失衡、盈利能力下降的情况下，大量资金流向虚拟经济，在金融体系内部自我循环，使资产泡沫膨胀，"脱实向虚"金融风险逐步显现。针对风险，习近平总书记多次强调"我国金融必须守好服务实体经济本分，推动高质量发展，绝不能脱实向虚"[2]。我们着力防范和化解金融风险，制度优势为防止"脱实向虚"

---

[1] 《马克思恩格斯文集》（第7卷），人民出版社2009年版，第440页。
[2] 中共中央党史和文献研究院：《习近平关于金融工作论述摘编》，中央文献出版社2024年版，第15页。

提供了有效保障。在社会主义市场经济体制中，我们发挥社会主义制度的优越性、发挥党和政府的积极作用，在科学的宏观调控、有效的政府治理之下，在市场化法治化轨道上推进金融创新发展，通过供给侧结构性改革不断提升金融服务实体经济的能力，不断向振兴实体经济、引导金融回归本源聚力，实体经济呈现稳中向好的发展趋势，金融健康发展，在保证市场主体活力的同时克服市场经济固有的盲目性，克服经济"脱实向虚"倾向。

在金融不断发展的历史进程中，金融服务于实体经济发展的本源性质日益凸显。金融要回归本源，服从服务于经济社会发展，成为我国金融工作的出发点和落脚点，也成为我国加强金融治理的核心环节。[①] 对金融本质和宗旨的科学界定，为进一步认清金融功能定位、推动金融健康发展提供了科学指引。金融业坚持为实体经济服务的宗旨，就要完整准确全面贯彻新发展理念，把为实体经济服务作为出发点和落脚点，推进金融供给侧结构性改革，构建金融有效支持实体经济的体制机制，积极服务国家重大战略实施和培育新动能，降低社会综合融资成本，不断为实体经济注入"源头活水"。[②] 金融与实体经济的融合发展必须按照创新、协调、绿色、开放、共享的"五位一体"新发展理念，围绕经济转型和产业升级，选择金融支持实体经济领域的具体对象。[③]

（二）防控风险是新时代金融发展的永恒主题

2015 年习近平在中央经济工作会议上的讲话中指出，大量资金流向虚拟经济，使资产泡沫膨胀，金融风险逐步显现。[④] 2017 年习近平在世界

[①] 彭俞超：《习近平金融治理思想研究》，载于《马克思主义理论学科研究》2017 年第 5 期。
[②] 何德旭：《新时代中国金融发展的根本遵循》，载于《人民日报》2022 年 6 月 24 日。
[③] 经济与管理编辑部：《金融服务实体经济促进京津冀协同发展——"新时代金融服务实体经济研讨会"专家发言摘编》，载于《经济与管理》2018 年第 4 期。
[④] 《中央经济工作会议在北京举行 习近平李克强作重要讲话》，载于《人民日报》2015 年 12 月 22 日。

第六章　初步的结论与探索的方向：马克思主义金融理论的中国化时代化发展

经济论坛年会开幕式上指出，"国际金融危机也不是经济全球化发展的必然产物，而是金融资本过度逐利、金融监管严重缺失的结果"①。2017年习近平在全国金融工作会议中指出，"金融是实体经济的血脉，为实体经济服务是金融的天职，是金融的宗旨，也是防范金融风险的根本举措"②。2022年党的二十大报告进一步指出，"深化金融体制改革，建设现代中央银行制度，加强和完善现代金融监管，强化金融稳定保障体系，依法将各类金融活动全部纳入监管，守住不发生系统性风险底线"③。

对我国当前防范化解重大金融风险，习近平总书记作出了基本判断，他指出，"上世纪90年代以来，我国有效应对了亚洲金融危机、国际金融危机、新冠肺炎疫情等重大考验。现在，我国经济金融领域风险隐患很多，但总体可控"④。

金融在助力经济高质量发展时要守住不发生系统性金融风险底线，不仅要增强忧患意识和底线思维，还要坚持系统观念。深化金融供给侧结构性改革是着眼于我国经济长远健康发展的重大决策，是防范化解系统性金融风险的有效策略。⑤ 只有着力防范化解系统性金融风险，才能确保金融主权不受侵犯、金融制度不受冲击、金融资产价格不大幅波动、跨境资本不会大规模无序流动，最终实现金融促进实体经济发展及保障国家金融安全的目标。去杠杆与保持经济社会流动性的合理充裕构成防范化解金融风险的主要矛盾，而金融风险防范的常态化工作离不开强有力的金融监管。⑥

---

① 习近平：《共担时代责任，共促全球发展》，载于《求是》2020年第24期。
② 习近平：《深化金融改革　促进经济和金融良性循环健康发展》，载于《人民日报》2017年7月16日。
③ 习近平：《高举中国特色社会主义伟大旗帜　为全面建设社会主义现代化国家而团结奋斗》，人民出版社2022年版。
④ 习近平：《正确认识和把握我国发展重大理论和实践问题》，载于《求是》2022年第10期。
⑤ 刘立新、李鹏涛：《金融供给侧结构性改革与系统性金融风险的防范》，载于《改革》2019年第6期。
⑥ 陈建奇：《习近平关于防范化解金融风险重要论述的核心要义》，载于《理论视野》2020年第10期。

马克思主义金融理论与当代实践

新时代金融发展要依法加强监管、有序发展。防范化解系统性风险是防控风险的重中之重，系统性风险的典型就是"金融危机"。马克思指出，"信用制度加速了生产力的物质上的发展和世界市场的形成，使这二者作为新生产形式的物质基础发展到一定的高度"，同时，"信用加速了这种矛盾的暴力的爆发，即危机"。[①] 列宁指出，资本同生产分离达到极大程度，商品生产虽然"依旧被看做全部经济的基础，但实际上已经被破坏了，大部分利润都被那些干金融勾当的'天才'拿去了"。[②] 金融脱离实体经济带来危机的实例不胜枚举，2008年国际金融危机就是典型代表。金融风险防范离不开强有力的金融监管，我国社会主义市场经济的发展实践只有40多年，需要充分吸取发达市场经济国家金融实践的经验与教训，学习和借鉴国际上成熟的金融监管做法，从我国国情出发，依法加强全面金融监管，切实提高监管前瞻性、精准性、协同性、有效性，引导金融有序发展，防止虚拟资本野蛮生长。当前，我国经济金融领域风险隐患很多，但总体可控。只有加强监管，深化金融供给侧结构性改革，着力防范化解系统性金融风险，才能最终实现金融促进实体经济发展及保障国家金融安全的目标。

新时代金融发展要统筹开放和安全。在相当长时期内，初级阶段的社会主义还必须同生产力更发达的资本主义长期合作和斗争，还必须认真学习和借鉴资本主义创造的有益文明成果。发展金融业需要学习借鉴外国有益经验，高水平开放可以通过竞争机制促进金融业发展，提高我国金融资源配置效率和能力，增强国际竞争力和规则影响力，满足经济社会发展和人民群众需要。同时，越是开放越要重视安全，金融安全是国家安全的重要组成部分，是经济平稳健康发展的重要基础。维护金融安全，要积极稳妥推动金融对外开放，加强全过程风险防控，守住不发生系统性金融风险底线。要坚持稳中求进工作总基调，统筹好发展和安全两件大事，增强自身竞争能力、开放监管能力、风险防控能力，坚定

---

① 《马克思恩格斯文集》（第7卷），人民出版社2009年版，第500页。
② 《列宁全集》（第27卷），人民出版社2017年版，第342页。

第六章　初步的结论与探索的方向：马克思主义金融理论的中国化时代化发展

不移走中国特色金融发展之路，不断满足经济社会发展和人民群众日益增长的金融需求，不断开创新时代金融工作新局面。

国有金融企业不同于一般金融企业，既有一般经济功能又具有特殊使命。自改革开放以来，国有金融企业便承担着稳定国家社会经济、提升社会抗风险能力的重要作用。[①] 以中国工商银行为例，坚持系统观念需要不断完善全面风险管理体系、持续加强信用风险防控、全面提升应对外部冲击能力，从而做到统筹宏微观、表内外、境内外等各类风险点，统筹事前防范与事后化解，统筹传统风险管理和非传统挑战应对。[②] 金融改革推动高质量发展的路径包括：培育高质量的金融组织体系，打造高质量的金融市场体系，建设高质量的金融基础设施体系，形成高质量的金融开放体系，构建高质量的金融治理体系。[③]

（三）党领导下的以人民为中心的金融发展是新时代金融发展的本质特征

2017 年习近平在第五次全国金融工作会议上关于新时代金融工作的重要论述中，明确新时代金融发展的规律，指出必须加强党中央对金融业的集中统一领导，坚持以人民为中心的金融发展观，关注和解决群众资金融通中的实际困难，以适应人民日益增长的金融需要，发展好普惠金融、科技金融、绿色金融。[④]

新时代金融发展服务于实现社会主义生产目的，以人民为中心的价值取向是其内在要求。马克思在分析资本主义生产中金融的特殊作用时指出，为了突破社会生产的绝对界限，信用制度作为"竞争斗争中的一

---

① 张嘉昕：《新时代国有金融企业改革与发展问题》，载于《社会科学家》2020 年第 10 期。
② 陈四清：《以金融力量服务高质量发展》，载于《求是》2021 年第 19 期。
③ 郭新明：《推动新时代金融高质量发展》，载于《中国金融》2018 年第 10 期。
④ 习近平：《深化金融改革　促进经济和金融良性循环健康发展》，载于《人民日报》2017 年 7 月 16 日。

个新的可怕的武器"逐渐发展起来。① 在资本主义生产方式下,金融发展以资本为中心、以服务于资本利益最大化为运行逻辑,金融是资本逐利的工具而不是服务绝大多数人的利益,进一步导致社会贫富差距大、两极分化严重。社会主义市场经济中的金融实践,是党领导下的以人民为中心的金融实践,服务于实现社会主义生产目的,要求不断适应人民群众需求变化,努力办好各项民生事业,让老百姓的日子越过越好。我们坚持发展为了人民、发展依靠人民、发展成果由人民共享,扎实推动共同富裕。新时代金融发展以人民为中心,提高人民生活品质是畅通循环的出发点和落脚点。因此,坚持惠民导向,推进普惠金融高质量发展,开发更多满足群众医疗、养老、教育培训等方面需求的金融产品、提振消费,让那些兼具安全性、收益性、流动性的金融产品走进寻常百姓家,通过健全具有高度适应性、竞争力、普惠性的现代金融体系,更好满足人民群众的金融需求,实现经济发展和民生改善良性循环。

　　为确保新时代金融发展的正确方向,必须坚持党中央对金融工作集中统一领导。党的领导是中国特色社会主义的最本质特征,党的性质宗旨、初心使命、信仰信念、政策主张决定了中国特色金融发展之路是社会主义金融发展道路,决定了金融发展服务于社会主义生产的需要。我们党历来高度重视金融在经济社会发展中的作用。在长期革命、建设进程中,依据实际情况建立了有效的货币金融体系,稳定了经济秩序;改革开放以来,建立了有利于社会主义市场经济发展的金融体系,在金融改革发展的重要关头,研究解决金融领域带有全局性的重大问题,采取系列举措防范金融风险,推动金融更好为经济社会发展服务;党的十八大以来,面对错综复杂的国际环境和国内经济"三期叠加"的严峻挑战,有序推进金融改革发展、治理金融风险,积极探索新时代金融发展规律,不断加深对中国特色社会主义金融本质的认识,将政治优势和制度优势转化为金融治理效能,积累了宝贵经验,逐步走出一条中国特色金融发

---

① 《马克思恩格斯文集》(第5卷),人民出版社2009年版,第722页。

第六章　初步的结论与探索的方向：马克思主义金融理论的中国化时代化发展

展之路。党的领导贯穿金融体系改革完善的全过程，确保金融发展始终沿着正确的方向前进。

新时代的金融发展首先遵循了人民福祉和价值增殖相统一的规律。人民的福祉和社会的福利体现为商品服务使用价值的效用性和商品服务的价值增殖两个方面，实现二者的统一，既是社会主义生产的目的，也是社会主义金融运行必须遵循的首要规律。[①] 新时代加强党性与人民性的统一要求坚持以人民为中心的金融发展观。[②] 新时代金融资产的财富管理的功能有可能超过融资功能，成为资本市场最重要的功能。[③] 新时代以人民为中心的金融发展需要以普惠金融为重点。

从资本逻辑导致资本主义困境中可以获得的最基本最重要的启示就是，我们要更加自觉地坚持中国共产党的领导。这一观点既为超越西方资本逻辑提供了依据，也为新时代金融的发展提供了理论参考。[④] 在党的领导下，通过国有所有权来实施金融控制战略，通过金融控制来有效降低或阻隔金融市场上的"羊群效应"和"传染效应"，从而最大限度地去解决金融监管始终滞后于金融创新带来的现实或潜在系统性风险难题，牢牢守住不发生系统性风险的底线。[⑤] 中国共产党的领导始终贯穿整个社会主义市场金融改革的全过程，是历史和实践的选择，是中国特色社会主义金融制度区别于世界其他国家金融制度的重要标志，是中国特色社会主义金融制度的本质特征。[⑥]

本书考察了马克思主义金融理论与当代实践，研究回溯了马克思主

[①] 裴长洪：《习近平金融工作重要论述对马克思主义政治经济学的创新发展》，载于《经济纵横》2022年第6期。

[②] 新时代"以人民为中心"的金融发展观研究课题组：《论新时代"以人民为中心"的金融发展观》，载于《现代经济探讨》2019年第2期。

[③] 谭松涛：《新时代金融发展的新路径》，载于《商业观察》2019年第2期。

[④] 黄相怀：《论资本的逻辑、资本主义的困境与中国特色社会主义的自觉——兼论"我们依然处在马克思主义所指明的历史时代"》，载于《社会主义研究》2020年第3期。

[⑤] 王晋斌、厉妍彤：《论中国特色社会主义金融发展与经济增长理论——中国金融发展与经济增长关系的政治经济学》，载于《政治经济学评论》2021年第1期。

[⑥] 曹戈：《中国共产党的领导——中国特色社会主义金融制度的本质特征和最大优势》，载于《首都经济贸易大学学报》2022年第3期。

马克思主义金融理论与当代实践

义金融理论的经典理论与当代阐释,讨论了当代资本主义金融化积累与金融危机后的新动态,以及中国特色社会主义市场经济运行中防范"脱实向虚"的金融实践,得出三方面的基本结论。

第一,马克思主义金融理论的中国化时代化发展为我们把握新时代金融发展规律提供了科学方法。以马克思主义金融理论为指导的社会主义市场经济中的金融实践,是党领导下的以人民为中心的金融实践,以此为特征的金融发展规律包括服务实体经济发展的规律、注重防控金融风险与维护金融安全规律、以完善国有金融资本管理深化金融改革规律等。这些规律为我们探索中国特色金融发展之路提供了基本遵循。

第二,为避免金融资本过度逐利、金融监管严重缺失的灾难性后果,正确处理金融和实体经济之间的关系,我们需要充分吸取发达市场经济国家金融资本发展的经验与教训。自20世纪70年代末以来,伴随着以美国为主导的发达资本主义国家金融化的发展,金融资本与职能资本关系发生了系统性的变化,金融资本直接控制劳动力再生产过程,其本质是新自由主义政策下,监管严重缺失的金融资本在时间和空间上对剩余价值的生产实现全面的、持续的、有效的控制,成为决定经济周期的主导因素,并直接导致2008年国际金融危机的爆发。而危机后即使美国政府采取系列"再工业化"政策,新自由主义势头持续强劲,金融资本依然主导着资本主义积累,美国仍然无法走出过度金融化的困境。

第三,马克思主义金融理论的中国化时代化发展,为我们把握新时代金融发展规律、探索中国特色金融发展之路提供了科学方法和行动指南。实体经济是金融的根基,缺少强健的实体经济支撑,金融繁荣只会是"虚胖",新时代金融发展要把为实体经济服务作为出发点和落脚点。虽然防范系统性金融风险、深化金融改革、保障金融服务实体经济的良性循环任重道远,但我们坚持和完善社会主义基本经济制度,制度优势为防止"脱实向虚"提供了有效保障。与发达资本主义国家经济结构金融化转型相比,"脱实向虚"作为我国社会主义市场经济改革过程中出现的倾向和压力,并非制度内在积累、生产关系矛盾深化的表现,而是在

第六章 初步的结论与探索的方向：马克思主义金融理论的中国化时代化发展

金融危机这一外因以及供给侧结构性矛盾这一内因相互作用之下所引发的实体经济利润率下滑、资金流向虚拟经济的阶段性隐忧。以美国为首的发达资本主义国家无力重建以产业资本循环为核心的积累体制，金融化是其两难困境。但在中国特色社会主义制度优势下，我国完全有能力在保证市场主体活力的同时克服市场经济固有的盲目性，推动实体经济稳中向好发展、金融健康发展，避免经济"脱实向虚"。

参 考 文 献

[1]《马克思恩格斯文集》(第1卷),人民出版社2009年版。
[2]《马克思恩格斯文集》(第5卷),人民出版社2009年版。
[3]《马克思恩格斯文集》(第6卷),人民出版社2009年版。
[4]《马克思恩格斯文集》(第7卷),人民出版社2009年版。
[5]《马克思恩格斯文集》(第8卷),人民出版社2009年版。
[6]《马克思恩格斯文集》(第9卷),人民出版社2009年版。
[7]《列宁选集》(第2卷),人民出版社2012年版。
[8]《列宁全集》(第27卷),人民出版社2017年版。
[9]《列宁全集》(第54卷),人民出版社2017年版。
[10] 习近平:《论把握新发展阶段、贯彻新发展理念、构建新发展格局》,中央文献出版社2021年版。
[11] 习近平:《高举中国特色社会主义伟大旗帜 为全面建设社会主义现代化国家而团结奋斗》,人民出版社2022年版。
[12]《习近平谈治国理政》(第四卷),外文出版社2022年版。
[13]《习近平著作选读》(第一卷),人民出版社2023年版。
[14]《习近平经济文选》(第一卷),中央文献出版社2025年版。
[15] 中共中央文献研究室:《习近平关于全面建成小康社会论述摘编》,中央文献出版社2016年版。
[16] 中共中央文献研究室:《习近平关于社会主义经济建设论述摘编》,中央文献出版社2017年版。
[17] 中共中央党史和文献研究院:《习近平关于金融工作论述摘编》,中央文献出版社2024年版。

[18]《习近平在广西考察工作时强调扎实推动经济社会持续健康发展以优异成绩迎接党的十九大胜利召开》，载于《人民日报》2017年4月22日。

[19] 习近平：《深化金融改革 促进经济和金融良性循环健康发展》，载于《人民日报》2017年7月16日。

[20]《习近平在十九届中央政治局第十三次集体学习时的讲话》，载于《人民日报》2019年2月22日。

[21] 埃克哈德·海因：《金融主导的资本主义和收入再分配——基于卡莱茨基模式的视角》，载于《国外理论动态》2015年第12期。

[22] 埃内斯特·曼德尔：《晚期资本主义》，马清文译，黑龙江人民出版社1983年版。

[23] 保罗·巴兰、保罗·斯威奇：《垄断资本》，商务印书馆1977年版。

[24] 保罗·斯威齐：《资本主义发展论》，陈观烈等译，商务印书馆2006年版。

[25] 本杰明·科恩：《货币地理学》，代先强译，西南财经大学出版社2004年版。

[26] 蔡万焕、张成：《特朗普减税：新自由主义的又一次实践》，载于《马克思主义与现实》2018年第5期。

[27] 陈江生、蔡和岑、张滔：《美国"再工业化"效果：评价与反思》，载于《理论视野》2016年第12期。

[28] 陈文通：《对中国特色社会主义经济制度的理论思考》，载于《中国特色社会主义研究》2012年第4期。

[29] 陈享光：《金融化及其对收入分配的影响》，载于《社会科学战线》2020年第8期。

[30] 陈享光：《金融化与现代金融资本的积累》，载于《当代经济研究》2016年第1期。

[31] 陈享光：《马克思政治经济学观点下的金融化现象解读》，载于

《人民论坛·学术论坛》2017 年第 2 期。

[32] 陈享光：《现代金融危机分析范式：比较与构建》，载于《学习与探索》2015 年第 10 期。

[33] 陈享光、郭祎：《中国金融化发展对实体经济的影响》，载于《学习与探索》2016 年第 12 期。

[34] 陈享光、袁辉：《现代金融资本的积累及其影响》，载于《当代经济研究》2010 年第 7 期。

[35] 陈征：《有关虚假的社会价值的几个争论问题》，载于《学术月刊》1984 年第 12 期。

[36] 成思危、李平、刘骏民：《虚拟经济概论》，科学出版社 2016 年版。

[37] 成思危、李平、刘骏民：《虚拟经济在中国的发展》，科学出版社 2016 年版。

[38] 程恩富：《现代马克思主义政治经济学的四大理论假设》，载于《中国社会科学》2007 年第 1 期。

[39] 崔朝栋：《超额剩余价值的来源问题与马克思劳动价值论》，载于《当代经济研究》2009 年第 10 期。

[40] 崔战利：《马克思的"价值决定悖论"解析——论劳动价值论与物质技术生产力统一的逻辑耦合点》，载于《教学与研究》2008 年第 12 期。

[41] 大卫·哈维：《马克思与〈资本论〉》，周大昕译，中信出版社 2018 年版。

[42] 大卫·哈维：《资本的限度》，张寅译，中信出版社 2017 年版。

[43] 大卫·科茨：《金融化与新自由主义》，载于《国外理论动态》2011 年第 11 期。

[44] 戴赜、彭俞超、马思超：《从微观视角理解经济"脱实向虚"——企业金融化相关研究述评》，载于《外国经济与管理》2018 年第 11 期。

[45] 丁晓钦、鲁春义：《金融化与积累的社会结构转变——基于演化博弈理论的分析》，载于《学术月刊》2014年第5期。

[46] 段进朋：《生产力特别高的劳动能创造更多价值吗》，载于《复旦学报（社会科学版）》1982年第4期。

[47] 方敏：《对〈资本论〉中劳动价值论的几点认识与澄清》，载于《当代经济研究》2020年第6期。

[48] 方明月、靳其润、聂辉华：《中国企业为什么脱实向虚？——理论假说和经验检验》，载于《学习与探索》2020年第8期。

[49] 方兴起：《基于马克思产业资本理论解析美国去工业化与再工业化——观察当前中美贸易摩擦的新视角》，载于《学术研究》2019年第9期。

[50] 菲利普·科特勒：《直面资本主义：困境与出路》，郭金光译，机械工业出版社2016年版。

[51] 费利群：《金融垄断资本与金融垄断资本主义及其当代启示》，载于《当代经济研究》2011年第4期。

[52] 冯金华：《商品价值量的变化和某些"成正比"观点的误区》，载于《教学与研究》2012年第5期。

[53] 冯新舟、何自力：《中国模式中的市场与政府关系——政府主导下的社会主义市场经济》，载于《马克思主义研究》2015年第11期。

[54] 弗朗索瓦·沙奈：《金融全球化》，中央编译出版社2001年版。

[55] 高广宇：《超额剩余价值——价值转型研究中缺失的关键环节》，载于《改革与战略》2011年第4期。

[56] 格·R.克里普纳：《美国经济的金融化（上）》，丁为民、常盛、李春红译，载于《国外理论动态》2008年第6期。

[57] 耿伍群：《怎样理解超额剩余价值的来源》，载于《思想理论教育导刊》2003年第3期。

[58] 国务院发展研究中心：《经济形势分析月报》，2018年第8~10期。

[59] 哈里·马格多夫、保罗·斯威齐：《生产与金融》，张雪琴译，孟捷校，载于《清华政治经济学报》2014年第3期。

[60] 韩国高、高铁梅、王立国：《中国制造业产能过剩的测度、波动及成因研究》，载于《经济研究》2011年第12期。

[61] 韩珣、李建军：《金融错配，非金融企业影子银行化与经济"脱实向虚"》，载于《金融研究》2020年第8期。

[62] 何安：《生产率较高的劳动能否创造较多的价值》，载于《学术月刊》1963年第9期。

[63] 何其春、邹恒甫：《信用膨胀、虚拟经济、资源配置与经济增长》，载于《经济研究》2015年第4期。

[64] 胡连生：《从"去工业化"到"再工业化"——兼论当代资本主义日渐衰微的历史趋势》，载于《理论探讨》2016年第12期。

[65] 胡若痴、卫兴华：《从马克思的分析方法把握劳动价值论的拓展性和科学性——兼对某些相关争论问题的辨析》，载于《学术月刊》2014年第10期。

[66] 黄阳平、李文宽：《习近平新时代中国特色社会主义实体经济思想研究》，载于《上海经济研究》2018年第8期。

[67] 杰奥瓦尼·阿瑞吉：《漫长的20世纪》，姚乃强等译，江苏人民出版社2001年版。

[68] 卡洛塔·佩雷丝：《技术革命与金融资本》，中国人民大学出版社2007年版。

[69] 考斯达斯·拉帕维查斯：《金融化了的资本主义：危机和金融掠夺》，载于《政治经济学评论》2009年第1期。

[70] 兰德尔·雷：《明斯基时刻：如何应对下一次金融危机》，张田等译，中信出版集团2019年版。

[71] 李黎力：《明斯基的学术遗产及其当代价值》，载于《国外理论动态》2019年第12期。

[72] 李连波：《虚拟经济背离与回归实体经济的政治经济学分析》，

载于《马克思主义研究》2020年第3期。

[73] 李其庆：《西方左翼学者对当代资本主义的研究——第三届巴黎国际马克思大会述要》，载于《国外理论动态》2002年第1期。

[74] 李秋梅、梁权熙：《企业"脱实向虚"如何传染？——基于同群效应的视角》，载于《财经研究》2020年第8期。

[75] 李晓西、杨琳：《虚拟经济、泡沫经济与实体经济》，载于《财贸经济》2000年第6期。

[76] 李正辉、王红云：《虚拟经济规模总量测度指标的适应性研究》，载于《统计与决策》2013年第9期。

[77] 刘海霞：《论超额剩余价值来源于社会总剩余劳动》，载于《当代经济研究》2017年第8期。

[78] 刘骏民、李凌云：《世界经济虚拟化中的全球经济失衡与金融危机》，载于《社会科学》2009年第1期。

[79] 刘磊：《生产率与价值量关系的争论：演变与分歧》，载于《中国人民大学学报》2016年第6期。

[80] 刘伟：《中国经济改革对社会主义政治经济学根本性难题的突破》，载于《中国社会科学》2017年第5期。

[81] 刘晓欣、梁志杰：《经济虚拟化降低了货币流通速度吗》，载于《经济与管理研究》2018年第4期。

[82] 刘晓欣、刘骏民：《虚拟经济的运行方式、本质及其理论的政策含义——马克思逻辑的历史延伸》，载于《学术月刊》2020年第12期。

[83] 刘晓欣、宋立义、梁志杰：《实体经济、虚拟经济及关系研究述评》，载于《现代财经》2016年第7期。

[84] 刘晓欣、田恒：《中国经济从"脱实向虚"到"脱虚向实"——基于马克思主义政治经济学的分析视角》，载于《社会科学战线》2020年第8期。

[85] 刘晓欣、张艺鹏：《中国经济"脱实向虚"倾向的理论与实证研究——基于虚拟经济与实体经济产业关联的视角》，载于《上海经济研

究》2019 年第 2 期。

［86］刘志彪：《实体经济与虚拟经济互动关系的再思考》，载于《学习与探索》2015 年第 9 期。

［87］鲁道夫·希法亭：《金融资本》，福民等译，商务印书馆 2009 年版。

［88］鲁晓琳、郭琨、董志：《经济虚拟化背景下经济增长与通货膨胀的互动机制研究》，载于《管理评论》2018 年第 1 期。

［89］陆岷峰：《金融支持我国实体经济发展的有效性分析》，载于《财经科学》2013 年第 6 期。

［90］马慎萧：《劳动力再生产的金融化——资本的金融掠夺》，载于《政治经济学评论》2019 年第 2 期。

［91］马慎萧：《资本主义"金融化转型"是如何发生的？——解释金融化转型机制的四种研究视角》，载于《教学与研究》2016 年第 3 期。

［92］马慎萧：《资本主义金融化转型机制研究》，经济科学出版社 2018 年版。

［93］迈克尔·赫德森：《从马克思到高盛：虚拟资本的幻想和产业的金融化（下）》，载于《国外理论动态》2010 年第 10 期。

［94］孟捷：《技术创新与超额利润的来源——基于劳动价值论的各种解释》，载于《中国社会科学》2005 年第 5 期。

［95］孟捷：《价值转形与置盐定理：一个批评和自我批评》，载于《经济思想史学刊》2021 年第 2 期。

［96］孟捷、冯金华：《复杂劳动还原与产品的价值决定：理论和数理的分析》，载于《经济研究》2017 年第 2 期。

［97］潘永强：《论超额剩余价值的来源——兼评超额剩余价值来源的几种观点》，载于《当代经济研究》1995 年第 6 期。

［98］彭俞超、黄志刚：《经济"脱实向虚"的成因与治理：理解十九大金融体制改革》，载于《世界经济》2018 年第 9 期。

［99］彭俞超、倪骁然、沈吉：《企业"脱实向虚"与金融市场稳

定——基于股价崩盘风险的视角》，载于《经济研究》2018年第10期。

[100] 邱兆祥、安世友：《金融与实体经济关系的重新审视》，载于《教学与研究》2012年第9期。

[101] 裘白莲、刘仁营：《资本积累的金融化》，载于《国外理论动态》2011年第9期。

[102] 热拉尔·迪梅尼尔、多米尼克·莱维：《新自由主义的危机》，商务印书馆2015年版。

[103] 热拉尔·杜梅尼尔、多米尼克·莱维：《新自由主义与美国霸权的危机》，刘耀辉译，载于《国外理论动态》2010年第2期。

[104] 沈民鸣：《价值转形概论》，中国人民大学出版社2018年版。

[105] 盛明泉、汪顺、商玉萍：《金融资产配置与实体企业全要素生产率："产融相长"还是"脱实向虚"》，载于《财贸研究》2018年第10期。

[106] 石凯、彭刚、朱莉：《中国经济虚拟化问题的测度——基于SNA的视角》，载于《山西财经大学学报》2020年第7期。

[107] 苏冬蔚、毛建辉：《股市过度投机与中国实体经济：理论与实证》，载于《经济研究》2019年第10期。

[108] 苏立君：《逆全球化与美国"再工业化"的不可能性研究》，载于《经济学家》2017年第6期。

[109] 苏治，方彤，尹力博：《中国虚拟经济与实体经济的关联性——基于规模和周期视角的实证研究》，载于《中国社会科学》2017年第8期。

[110] 孙红燕、王雪敏、管莉莉：《金融"脱实向虚"测度与影响因素研究——基于全球价值链的视角》，载于《国际金融研究》2020年第9期。

[111] 孙连成：《略论劳动生产力与商品价值量的关系》，载于《中国经济问题》1963年第11期。

[112] 索尔斯坦·凡勃伦：《企业论》，蔡受百译，商务印书馆2012年版。

[113] 唐国增：《论超额剩余价值的来源》，载于《河北师范大学学报》1994年第1期。

[114] 托马斯·I. 帕利：《金融化：涵义和影响》，房广顺、车艳秋、徐明玉译，载于《国外理论动态》2010年第8期。

[115] 托马斯·皮凯蒂：《21世纪资本论》，中信出版社2014年版。

[116] 王福祥：《也谈超额利润的来源——与梅竹林同志商榷》，载于《当代财经》1981年第3期。

[117] 王国刚：《金融脱实向虚的内在机理和供给侧结构性改革的深化》，载于《中国工业经济》2018年第7期。

[118] 王积业：《关于社会主义制度下价值量计算问题的初步探讨》，载于《经济研究》1962年第11期。

[119] 王晋斌、厉妍彤：《论中国特色社会主义金融发展与经济增长理论——中国金融发展与经济增长关系的政治经济学》，载于《政治经济学评论》2021年第1期。

[120] 王丽丽、赵勇：《理解美国再工业化战略——内涵、成效及动因》，载于《政治经济学评论》2015年第6期。

[121] 王守义、陆振豪：《以虚拟经济促进我国实体经济发展研究》，载于《经济学家》2017年第8期。

[122] 王宇、黄广映：《实体经济和虚拟经济失衡发展微观机制研究——基于长三角上市企业的经验证据》，载于《上海经济研究》2019年第5期。

[123] 卫兴华：《商品价值量的决定问题》，载于《经济研究》1962年第12期。

[124] 吴大琨：《金融资本论》，人民出版社1993年版。

[125] 吴宣恭：《个别企业劳动生产力与商品价值量的关系——与孙连成同志商榷》，载于《中国经济问题》1964年第9期。

[126] 吴宣恭：《坚持和完善社会主义初级阶段的基本经济制度》，载于《政治经济学评论》2016年第4期。

[127] 伍超明：《货币流通速度的再认识——对中国 1993—2003 年虚拟经济与实体经济关系的分析》，载于《经济研究》2004 年第 9 期。

[128] 肖磊：《超额利润、价值总量与一般利润率》，载于《政治经济学评论》2017 年第 6 期。

[129] 肖磊：《信用创造、虚拟资本与现代经济运行——兼论我国实体经济与虚拟经济的关系》，载于《当代经济研究》2019 年第 12 期。

[130] 谢长安、俞使超：《资本主义经济金融化：内涵，形态与实质》，载于《当代经济研究》2017 年第 8 期。

[131] 谢富胜、匡晓璐：《金融部门的利润来源探究》，载于《政治经济学评论》2019 年第 6 期。

[132] 谢富胜、匡晓璐：《制造业企业扩大金融活动能够提升利润率吗？——以中国 A 股上市制造业企业为例》，载于《管理世界》2020 年第 12 期。

[133] 谢富胜、李安、朱安东：《马克思主义危机理论和 1975—2008 年美国经济的利润率》，载于《中国社会科学》2010 年第 5 期。

[134] 许光建、吴珊：《如何看待当前实体经济的发展》，载于《价格理论与实践》2017 年第 3 期。

[135] 许均华、高翔：《虚拟资本与实质经济关系研究》，载于《经济研究》2000 年第 3 期。

[136] 许平祥、周鑫：《再工业化，还是再金融化——基于美国经济"二元化"的视角》，载于《宏观经济管理》2018 年第 6 期。

[137] 叶祥松、晏宗新：《当代虚拟经济与实体经济的互动——基于国际产业转移的视角》，载于《中国社会科学》2012 年第 9 期。

[138] 伊藤·诚、考斯达斯·拉帕维查斯：《货币金融政治经济学》，孙刚、戴淑艳译，经济科学出版社 2001 年版。

[139] 易纲、宋旺：《中国金融资产结构演进：1991—2007》，载于《经济研究》2008 年第 8 期。

[140] 约翰·B. 福斯特、罗伯特·麦克切斯尼：《垄断金融资本、

积累悖论与新自由主义本质》，载于《国外理论动态》2010年第1期。

[141] 约翰·贝拉米·福斯特：《资本主义的金融化》，王年咏、陈嘉丽译，载于《国外理论动态》2007年第7期。

[142] 张晨、冯志轩：《再工业化，还是再金融化？——危机后美国经济复苏的实质与前景》，载于《政治经济学评论》2016年第6期。

[143] 张成思、张步昙：《再论金融与实体经济：经济金融化视角》，载于《经济学动态》2015年第6、12期。

[144] 张福军：《再工业化暴露资本主义发展新困境》，载于《红旗文稿》2015年第6期。

[145] 张继彤、陈煜：《再工业化对美国制造业产出效率的影响研究》，载于《世界经济与政治论坛》2018年第3期。

[146] 张慕濒：《全球化背景下中国经济的金融化：涵义与实证检验》，载于《世界经济与政治论坛》2013年第1期。

[147] 张新宁：《有效市场和有为政府有机结合——破解"市场失灵"的中国方案》，载于《上海经济研究》2021年第1期。

[148] 张雪琴：《金融化与金融利润之谜——评拉帕维查斯的金融利润理论》，载于《财经科学》2015年第8期。

[149] 张雪琴：《经济停滞与金融舵手——对垄断资本学派之凡勃伦思想渊源的考察》，载于《国外理论动态》2018年第7期。

[150] 张宇、蔡万焕：《金融垄断资本及其在新阶段的特点》，载于《中国人民大学学报》2009年第4期。

[151] 赵峰：《当代资本主义经济是否发生金融化转型》，载于《经济学家》2010年第6期。

[152] 中共中央文献研究室：《习近平关于全面建成小康社会论述摘编》，中央文献出版社2016年版。

[153] 朱东波、任力：《"金融化"的马克思主义经济学研究》，载于《经济学家》2017年第12期。

[154] 朱殊洋：《超额剩余价值是转移来的吗》，载于《当代经济研

究》2011 年第 7 期。

［155］Adrian Wood, *A Theory of Profits*, Cambridge: Cambridge University Press, 1975.

［156］Ben Fine, "Financialisation, the Value of Labour Power, the Degree of Separation, and Exploitation by Banking", *SOAS Research Students, Summer Seminar Series*, April 2009.

［157］Bob Jessop, "Hard Cash, Easy Credit, Fictitious Capital: Critical Reflections on Money as a Fetishised Social Relation", *Finance and Society*, Vol. 10, No. 1, 2015.

［158］Costas Lapavitsas, *Financialisation in Crisis*, Leiden: Brill, 2012.

［159］Costas Lapavitsas, *Profiting without Producing: How Finance Exploits Us All*, London: Verso, 2013.

［160］Costas Lapavitsas, "The Financialization of Capitalism: 'Profiting without Producing'", *City*, Vol. 17, No. 6, 2013.

［161］Duncan Foley, "Rethinking Financial Capitalism and the 'Information' Economy", *Review of Radical Political Economics*, Vol. 45, No. 3, 2013.

［162］Eckhard Hein, *The Macroeconomics of Finance-dominated Capitalism and Its Crisis*, Northampton: Edward Elgar Publishing, 2012.

［163］Engelbert Stockhammer, "Financialisation and the Slowdown of Accumulation", *Cambridge Journal of Economics*, Vol. 28, No. 5, 2004.

［164］Ernest Mandel, *Late Capitalism*, London: Verso, 1999.

［165］Fred Hirsch, *Money International*, London: Penguin, 1969.

［166］Gerald A Epstein, *Introduction: Financialization and the World Economy*, Northampton: Edward Elgar, 2005.

［167］Giovanni Arrighi, *The Long Twentieth Century*, London: Verso, 1994.

［168］G Duménil, D Lévy, "The Real and Financial Components of Profitability", *Review of Radical Political Economy*, Vol. 25, No. 1, 1993.

［169］G Duménil, D Lévy, *The Crisis of Neoliberalism*, Massachusetts:

Harvard University Press, 2011.

[170] Hans Despain, "Sweezyian Financial Instability Hypothesis—Monopoly Capital, Inflation, Financialization, Inequality and Endless Stagnation", *International Critical Thought*, Vol. 5, No. 1, 2015.

[171] Hansen B E, "Inference When a Nuisance Parameter Is not Identified under the Null Hypothesis", *Econometrica*, Vol. 64, No. 2, 1996.

[172] Hyman P Minsky, "Reconstituting the United States' Financial Structure: Some Fundamental Issues", Annandale - on - Hudson, NY: Levy Economics Institute, Working Paper, No. 69, 1992.

[173] Krippner, Greta R, "The Financialization of the American Economy", *Socio Economic Review*, Vol. 3, No. 2, 2005.

[174] Leung D, Secrieru O, "Real - Financial Linkages in the Canadian Economy: An Input - Output Approach", *Economic Analysis (EA) Research Paper Series*, 2011.

[175] Harry Magdoff, Paul M Sweezy, "Production and Finance", *Monthly Review*, No. 1, 1983, pp. 1 - 13.

[176] Makoto Itoh, *The Basic Theory of Capitalism*, London: Macmillan, 1988.

[177] Mckinnon R I, *Money and Capital in Economic Development*, Washington: Brookings Institution Press, 1973.

[178] Nicholas Kaldor, "Alternative Theories of Distribution", *The Review of Economic Studies*, Vol. 23, No. 2, 1956, pp. 83 - 100.

[179] Palley, Thomas I, "Financialization: What it is and Why It Matters", *Working Papers*, Vol. 26, No. 9, 2007.

[180] Pasinetti, L L, "Rate of Profit and Income Distribution in Relation to the Rate of Economic Growth", *The Review of Economic Studies*, Vol. 29, No. 4, 1962, pp. 267 - 279.

[181] Peter Skott, Soon Ryoo, "Macroeconomic Implications of Finan-

cialization", *Cambridge Journal of Economics*, Vol. 32, No. 6, 2008.

[182] Philip Harvey, "The Value Creating Capacity of Skilled Labor in Marxian Economics", *Review of Radical Political Economics*, Vol. 17, No. 1, 1985.

[183] Pollin Robert, "Contemporary Economic Stagnation in World Historical Perspective", *New Left Review*, Vol. 219, 1996.

[184] Pollin Robert, "The Resurrection of the Rentier", *New Left Review*, No. 46, 2007, pp. 140 – 153.

[185] Rudolf Hilferding, 1966, "Bohm – Bawerk's Criticism of Marx", in Sweezy P, ed., *Karl Marx and the Close of His System*, New York: Augustus M. Kelley, pp. 141 – 145.

[186] Stavros Mavroudeas, "The Financialisation Hypothesis and Marxism: A Positive Contribution or A Trojan Horse", *Second World Congress on Marxism*, May 2018.

[187] Svitlana Danylina, "Virtuality of Fictitious Capital in Modern Conditions", *Economic archive*, 2016.

[188] Teixeira, Joanílio Rodolpho, et al. "Fictitious Capital and Economic Crisis: Visions Towards a New Paradigm", *Rev. econ. contemp*, Vol. 19, No. 1, 2015.

[189] Till van Treeck, "The Political Economy Debate on 'Financialization'—A Macroeconomic Perspective", *Review of International Political Economy*, Vol. 16, No. 5, 2009.

[190] Tony Norfield, *The City: London and the Global Power of Finance*, London: Verso, 2016.

[191] William Lazonick, "Competitive Advantage on the Shop Floor", *The Economic History Review*, Vol. 45, No. 4, 1985.

[192] William Lazonick, Mary Sullivan, "Maximizing Shareholder Value: A New Ideology for Corporate Governance", *Economy and Society*, No. 1, 2000.

致　谢

　　本书为"中国人民大学中国特色社会主义理论体系研究中心"资助的研究成果。在写作过程中，感谢中国人民大学马克思主义学院学术委员会及审读专家的指导。

　　本书也是北京社科基金研究基地一般项目《以马克思主义虚拟资本理论研究现代化经济体系中的实体经济与虚拟经济》（18JDKDB012）的研究成果，在研究过程中，感谢中国人民大学马克思主义学院兰楠、区铭彦、朱冰霞同学的协助和重要支持。

　　在编辑出版中，感谢经济科学出版社的支持，感谢中国人民大学经济学院赵峰教授一直以来的支持和帮助，感谢马跃千同志的审读和建议，感谢中国人民大学马克思主义学院张袁雪湛、杨畅、张宇熙、孙睿逸、于湘凝、李汉臣同学协助相关流程。

　　由于作者水平有限，本书难免存在诸多不足，感谢读者的包容。